ステップ式

7つの
テーマがわかる
IFRS実務ガイドブック

International Financial Reporting Standards

公認会計士
／税理士 **福留 聡**

第**1**章 資産の減損	第**5**章 税効果会計
第**2**章 資産除去債務	第**6**章 連結の範囲
第**3**章 有給休暇引当金	第**7**章 関連当事者についての開示
第**4**章 退職後給付	

税務経理協会

はじめに

　これまで私が出版した実務書である,『7つのステップでわかる　税効果会計実務完全ガイドブック』(税務経理協会),『7つのステップでわかる　税効果会計実務入門』(税務経理協会),『経理業務を標準化する　ワークシート活用ガイド』(中央経済社)は,好評であった。同様に,IFRS実務においても,実務手順及び実務資料作成の標準化が多くの上場企業の経理マンから求められていると判断し,自分のこれまで養ったIFRSコンサルティングのノウハウを提供したいと思い,本書を執筆するに至った。

　IFRSの実務書は多数出版されているが,IFRSの基準書の解説が中心であり,経理実務に即した内容とは言い難い書籍がほとんどである。

　また,これまでの書籍は,IFRS経理実務の全体の実務の流れを意識したものではなく,細切れになっており,これでは,実際の実務では,監査法人に提出するIFRSの資料や,有価証券報告書等で開示されるIFRSの資料(注記含む)を作成するのは困難である。

　本書はこのような問題点の解決に向けて,IFRSの実務を標準化するための本である。具体的には,IFRSの重要な論点に限定して標準的な設例を用いて,ワークシートを利用して実務に即して解説することで,IFRSの重要な論点に係る全ての資料を作成できるようにすることを目的としている。

　また,上記の目的の中で,IFRS実務の理解に必要となるIFRS基準書の解説とIFRSと日本基準との差異の解説も取り入れ,本質的な理解ができるようにすることで,どんな難解な事例にも対応できる力をつけることも目的とする。

　本書の構成は,第1章 資産の減損,第2章 資産除去債務,第3章 有給休暇引当金,第4章 退職後給付,第5章 税効果会計,第6章 連結の範囲,第7章 関連当事者についての開示からなっており,全ての章とも実務的かつ実践的な設例,ワークシートを用いて解説している。さらに,全ての章で関連基

準の整理，IFRSにおける実務上のポイント，IFRSと日本基準の差異のポイント整理，設例解説の順に説明を行っている。

　本書の特徴は，下記の通りである。
① IFRSの重要論点に係る全ての資料が作成できるようになる。
② IFRSと日本基準の差異が実務手順に従い明確に理解できる。
③ 日本基準をベースにIFRSの実務資料を作成できるようになり，IFRS資料作成にかかる時間が最小限で済むようになる。
④ IFRS実務を標準化することで，経理業務の引継ぎを容易にする。

　このように，本書は中小規模の上場企業のIFRS導入を支援するツール，解説書として有用である。読者の方がこの本を読んで設例を解き，解説を読めば，実際の実務において標準的な難易度のものであれば，IFRSの重要論点の資料を容易に作成できるようになるものと自負している。

　多くのIFRS実務に携わる方にとって，本書が実務の資料の作成に役立つことを願っている。
　最後にこの本の出版にあたり助言等尽力いただいた税務経理協会には深く感謝を申し上げたい。

平成28年5月　福留　聡

目　　次

はじめに

第1章　資産の減損

1　IAS第36号「資産の減損」の適用範囲　*3*

2　IFRSにおける資産の減損の実務上のポイント　*4*

3　IFRSと日本基準における資産の減損の差異のポイント整理　*5*

4　IFRSにおける資産の減損の設例解説　*12*

第2章　資産除去債務

1　資産除去債務の会計処理とIFRS基準書との適用関係の整理　*47*

2　IFRSにおける資産除去債務の実務上のポイント　*50*

3　IFRSと日本基準における資産除去債務の差異のポイント整理　*51*

4　IFRSにおける資産除去債務の設例解説　*55*

第3章　有給休暇引当金

1　有給休暇引当金の関連基準の整理　*66*

2　IFRSにおける有給休暇引当金の実務上のポイント　*70*

3　IFRSにおける有給休暇引当金の設例解説　*72*

第4章　退職後給付

1　退職後給付の関連基準の整理　*82*

2　IFRSにおける確定給付制度の退職後給付の実務上のポイント　*85*

3　IFRSと日本基準における確定給付制度の退職後給付の差異の
　ポイント整理　*86*

4 IFRS における確定給付制度の退職後給付の設例解説　*99*

第5章　税効果会計

1 税効果会計の関連基準の整理　*120*

2 IFRS における税効果会計の実務上のポイント　*125*

3 IFRS と日本基準における税効果会計の差異のポイント整理　*127*

4 IFRS における税効果会計の設例解説　*143*

第6章　連結の範囲

1 連結の範囲の関連基準の整理　*190*

2 IFRS における連結の範囲の実務上のポイント　*195*

3 IFRS と日本基準における連結の範囲の差異のポイント整理　*196*

4 IFRS における連結の範囲の設例解説　*202*

第7章　関連当事者についての開示

1 関連当事者についての開示の関連基準の整理　*210*

2 IFRS における関連当事者についての開示の実務上のポイント　*216*

3 IFRS と日本基準における関連当事者についての開示の差異の
ポイント整理　*217*

4 IFRS における関連当事者についての開示の設例解説　*226*

著者紹介

第1章

資産の減損

IFRSにおける固定資産減損会計は，IAS第36号「資産の減損」において記載されている。

1 IAS 第 36 号「資産の減損」の適用範囲

IAS36.2 によると，IAS 第 36 号は，下記の項目を除く全ての資産の減損の会計処理に適用しなければならない。

(a) 棚卸資産（IAS 第 2 号「棚卸資産」参照）

(b) 工事契約から生じる資産（IAS 第 11 号「工事契約」参照）

(c) 繰延税金資産（IAS 第 12 号「法人所得税」参照）

(d) 従業員給付から生じる資産（IAS 第 19 号「従業員給付」参照）

(e) IFRS 第 9 号「金融商品」の適用範囲内の金融資産

(f) 公正価値で測定される投資不動産（IAS 第 40 号「投資不動産」参照）

(g) 農業活動に関連した生物資産で売却費用控除後の公正価値で測定されるもの（IAS 第 41 号「農業」参照）

(h) IFRS 第 4 号「保険契約」の適用範囲に含まれる保険契約の下での，保険者の契約上の権利から生じる繰延取得コスト及び無形資産

(i) IFRS 第 5 号「売却目的で保有する非流動資産及び非継続事業」に従って，売却目的保有に分類された非流動資産（または処分グループ）

上記項目は，他の基準に減損処理の規定があるため，そちらに従って減損処理をすることになる。

2 IFRS における資産の減損の実務上のポイント

　本格的な設例の解説に入る前に，IFRS における資産の減損の実務上のポイントを整理しておこう。

　資産の減損の実務は，大きく分けて資産の減損と減損の戻入れの 2 つに区分されるため，2 つに区分のうえで解説を行う。

① 資産の減損

　IFRS における資産の減損の実務上のポイントは下記の 3 ステップを検討することにある。

　STEP1　減損テストの単位を識別する

　STEP2　減損の兆候の有無の検討をする

　STEP3　減損損失の認識及び測定を行う

② 資産の減損の戻入れ

　IFRS における減損戻入れの実務上のポイントは下記の 2 ステップを検討することにある。

　STEP1　減損の戻入れの兆候を評価する

　STEP2　減損損失の戻入れの認識及び測定を行う

3 IFRSと日本基準における資産の減損の差異のポイント整理

　本格的な設例の解説に入る前に，実務上のSTEP別にIFRSと日本基準における資産の減損の差異を整理しておこう。

　資産の減損の実務は，大きく分けて資産の減損と減損の戻入れの2つに区分されるため，先ほどと同様に2つに区分のうえで解説を行う。

I 資産の減損

　IFRSでは，減損損失の認識及び測定を同時に STEP3 で行う1ステップアプローチを採るが，日本基準では， STEP3 で減損損失の認識の判定を行い， STEP4 で減損損失の測定を行う2ステップアプローチを採ることが，実務上の大きな差異である。

　すなわち，日本基準では，下記の4ステップを検討する。

　STEP1 減損テストの単位を識別する

　STEP2 減損の兆候の有無の検討をする

　STEP3 減損損失の認識の判定を行う

　STEP4 減損損失の測定を行う

　そのため，日本基準の STEP3 及び STEP4 を IFRS の STEP3 と対比させる形式で比較解説を行う。

1 STEP1 減損テストの単位を識別する

(1) IFRS

　減損テストの範囲には，個別資産単位と資金生成単位の2種類があり，個

第1章　資産の減損　5

別資産単位で見積もりが不可能な場合に，資金生成単位で減損テストを実施することが求められる（IAS36.66）。しかし，実務上は個別資産単位で回収可能価額が算定できる場合は稀であり，個別資産単位で回収可能価額を算定できない場合には，資金生成単位で回収可能価額の算定を行う（IAS36.67）。

資金生成単位とは，他の資産又は資産グループからのキャッシュ・インフローとは概ね独立したキャッシュ・インフローを生成する最小の識別可能な資産グループのことをいう（IAS36.6）。

(2)　日本基準

資産のグルーピングは，他の資産又は資産グループのキャッシュ・フローから概ね独立したキャッシュ・フローを生み出す最小の単位とされ（固定資産の減損に係る会計基準の適用指針第7項）ており，IFRS のように個別資産単位が原則とされていないが，上記 IFRS の記述通り実務上は実質的に IFRS とほぼ同様である。

資産を切り離しても他の資産又は資産グループの使用にほとんど影響を与えない場合がある。このような場合に該当する資産のうち重要なものは，他の資産又は資産グループのキャッシュ・フローから概ね独立したキャッシュ・フローを生み出す最小の単位とされ，将来の使用が見込まれていない遊休資産や資産の処分，事業の廃止に関する意思決定を行った資産等は個別に減損の単位とされる（固定資産の減損に係る会計基準の適用指針第8項）。

② STEP2 減損の兆候の有無の検討をする

(1)　IFRS

IAS36.9 では，企業は，各報告期間の末日現在で，資産が減損している可能性を示す兆候があるか否かを検討しなければならず，そのような兆候のいずれかが存在する場合には，企業は，当該資産の回収可能価額を見積もらなければならないとされている。

また，IAS36.12 によると，減損の兆候の例示は下記の通りであり，外部の情報源，内部の情報源からなる。

IFRSの減損の兆候の有無の検討の特徴は，日本基準と異なり数値基準がないことに加え，報告企業の純資産の帳簿価額が，その企業の株式の市場価値を超過しているかどうか等を考慮する必要がある。

① 外部の情報源

(a) 当期中に，時間の経過又は正常な使用によって，予想される以上に資産の市場価値が著しく低下しているという観察可能な兆候がある。

(b) 企業が営業している技術的，市場的，経済的若しくは法的環境において，又は資産が利用されている市場において，当期中に企業にとって悪影響のある著しい変化が発生したか又は近い将来に発生すると予想される。

(c) 市場金利又は他の市場投資収益率が当期中に上昇し，かつ，これらの上昇が資産の使用価値の計算に用いられる割引率に影響して，資産の回収可能価額を著しく減少させる見込みである。

(d) 報告企業の純資産の帳簿価額が，その企業の株式の市場価値を超過している。

② 内部の情報源

(a) 資産の陳腐化又は物的損害の証拠が入手できる。

(b) 資産が使用されている，又は使用されると予測される範囲又は方法に関して，当期中に企業にとって悪影響のある著しい変化が発生した，又は近い将来において発生すると予測される。これらの変化には，資産が遊休となること，資産の属する事業の廃止若しくはリストラクチャリングの計画，予定されていた期日以前の資産の処分の計画，又は資産の耐用年数が確定できないのではなく確定できるものとして見直すことが含まれる。

(c) 資産の経済的成果が予想していたより悪化している，又は悪化するであろうということを示す証拠が，内部報告から入手できる。

(2) 日本基準

日本基準の減損の兆候は，「概ね過去2期がマイナス」「市場価額が帳簿価

額から50％程度以上下落」といった数値基準が設けられているのが特徴であり，IFRS の減損の兆候の例示である純資産の帳簿価額が，その企業の株式の市場価値を超過しているかどうかについては挙げられていない。

　固定資産の減損に係る会計基準二1，固定資産の減損に係る適用指針11～15項，76～91項によると下記のケースにおいて減損の兆候を認識する。

① 資産又は資産グループが使用されている営業活動から生ずる損益又はキャッシュ・フローが，継続してマイナスとなっているか，あるいは，継続してマイナスとなる見込みであること（「継続してマイナス」とは，概ね過去2期がマイナスであったことを指すが，当期の見込みが明らかにプラスになる場合は該当しない）。

② 資産又は資産グループが使用されている範囲又は方法について，当該資産又は資産グループの回収可能価額を著しく低下させる変化が生じたか，あるいは生ずる見込みであること（事業の廃止・再編成，除売却による処分，用途の転用，遊休状態，稼働率の回復見込みが無い，著しい陳腐化，建設仮勘定に係る建設の計画の中止又は大幅な延期の決定）。

③ 資産又は資産グループが使用されている事業に関連して，経営環境が著しく悪化したか，あるいは，悪化する見込みであること。

④ 資産又は資産グループの市場価格が著しく下落したこと（「市場価格が著しく下落したこと」とは，少なくとも市場価格が帳簿価額から50％程度以上下落した場合が該当する）。

③ STEP3 減損損失の認識及び測定を行う

(1) IFRS

　減損の兆候があった場合には，減損損失の認識及び測定（帳簿価額と回収可能価額との比較）を行う1ステップアプローチとなる。減損テストの段階から，割引後将来キャッシュ・フローの総額又は処分コスト控除後の公正価値のいずれか高い金額を利用するため，日本基準より減損損失が早期に認識されやすい傾向がある（IAS36.9）。

資産の回収可能価額が帳簿価額を下回っている場合には，当該資産の帳簿価額を回収可能価額まで減額し，その差額を減損損失として認識する（IAS36.62）。

(2)　日本基準

①　減損損失の認識の判定（日本基準の STEP3 ）

減損の兆候があった場合には，割引前将来キャッシュ・フローの総額と帳簿価額の比較を経て，回収可能価額まで減損損失を認識する 2 ステップアプローチである（固定資産の減損に係る会計基準二 2 及び 3）。

②　減損損失の測定（日本基準の STEP4 ）

前述の①の減損損失の認識の判定で，資産又は資産グループから得られる割引前将来キャッシュ・フローの総額と帳簿価額を比較することによって行う。資産又は資産グループから得られる割引前将来キャッシュ・フローの総額が帳簿価額を下回る場合（減損損失を認識すべきであると判定された資産又は資産グループ）については，帳簿価額を回収可能価額まで減額し，当該減少額を減損損失として当期の損失とする（固定資産の減損に係る会計基準二 2 及び 3）。

Ⅱ　資産の減損の戻入れ

IFRS と日本基準の大きな差異として，IFRS ではのれんを除いて，一定の場合に減損の戻入れが行われるが，日本基準では，固定資産の減損に係る会計基準の設定に関する意見書四 3 (2) によると，減損の存在が相当程度確実な場合に限って減損損失を認識及び測定することとしていること，また，戻入れは事務的負担を増大させるおそれがあることなどから，減損損失の戻入れは行わないこととしている。

① STEP1 減損の戻入れの兆候を評価する

IAS36.111 によると，減損の戻入れの兆候の例示は下記の通りである。

(1) 外部の情報源

  (a) 当期中に，資産の価値が著しく増加しているという観察可能な兆候がある。

  (b) 企業が営業している技術的，市場的，経済的若しくは法的環境，又は資産が利用されている市場において，当期中に企業にとって有利な影響のある著しい変化が発生したか，又は近い将来に発生すると予想される。

  (c) 市場金利又は他の市場投資収益率が当期中に下落し，かつ，これらの下落が，資産の使用価値の計算に用いられる割引率に影響して，資産の回収可能価額を著しく増加させる見込みである。

(2) 内部の情報源

  (a) 当該資産が使用されている，又は使用されると予測される範囲又は方法に関して，当期中に企業にとって有利な影響をもつ著しい変化が発生した，又は近い将来において発生すると予測される。こうした変化には，資産の機能の改善，若しくは拡張又は当該資産が属する事業のリストラクチャリングのために追加された当該期間に発生した費用が含まれる。

  (b) 当該証拠の経済的成果が予測していたより良好である，又は良好となるであろうことを示す証拠が内部報告から入手できる。

  上記から，減損の戻入れの兆候の例示は，減損の兆候と表裏一体であることが分かる。ただし，実務上は，減損の戻入れの減損の兆候の裏返しとして，一定の重要性基準を設け，必要に応じて戻入れの実務を行う運用をしている企業があった。戻入れを行う場合にも「明らかに」や「著しい変化が発生した場合」等の条件の設定や，一定金額の重要性基準を設けている企業が多く，結果的に減損の戻入れは行わない運用をしている企業が多い。

② STEP2 減損損失の戻入れの認識及び測定を行う

  減損の戻入れの兆候が存在する場合，当該資産の回収可能価額の見積もりを再計算し，回収可能価額が帳簿価額よりも増加した場合には，その差額を減損

の戻入れとして認識する（IAS36.110，IAS36.116）。

　なお，IAS36.114によると，過去の期間において，のれん以外の資産について認識された減損損失は，減損損失が最後に認識された以降，当該資産の回収可能価額の算定に用いられた見積もりに変更があった場合にのみ，戻入れをしなければならないとされており，単なる時間の経過による回収可能価額の増加等，資産の用役潜在力が増加していないと判断される場合には減損の戻入れはできないことになっている（IAS36.116）。

4 IFRS における資産の減損の設例解説

IFRSにおける資産の減損の設例の解説を行うが，資産の減損，のれんの減損，全社資産の減損，減損の戻入れの，4つのパターンの設例解説を行う。

I 資産の減損

ポイントとなる3つのステップのうち，[STEP1] 減損テストの単位の識別，及び [STEP2] 減損の兆候の有無の検討を「図表1-1-1 減損テストの単位の識別及び減損の兆候の有無の検討に関するワークシート」，[STEP3] 減損損失の認識及び測定を「図表1-1-2 減損の認識及び測定ワークシート」の2つのシートに主要論点を落とし込むことによって整理する。

設例の前提条件は下記の通りである。

- ・福留聡株式会社は「会計サービス」と「税務サービス」を行う会社である。「会計サービス」と「税務サービス」の相互関連性は薄く，「概ね独立したキャッシュ・インフローを生成する最小の識別可能な資産グループ」となっている。
- ・「会計サービス」の主要資産である建物の経済的残存使用年数は10年とする。
- ・その他，資産の帳簿価額や事業計画等の前提条件は図表1-1-1及び図表1-1-2の2つのシートに記載した通りである。

図表1-1及び図表1-2をご覧いただくと分かるが，本設例では結果として「会計サービス」から減損の兆候が生じており，減損損失認識の必要ありと判定される。「税務サービス」からは減損の兆候が生じないという構成となって

12

おり，その前提を念頭に下記の解説を読んでいただきたい。

　なお，IFRS 実務を検討する際，一般社団法人日本経済団体連合会が公表している，IFRS を導入した日本企業の事例を分析した「IFRS 任意適用に関する実務対応参考事例」（2014 年 1 月 15 日版）が参考になるため，本書でも参考にしている。

　本事例にも記載の通り，日本企業の多くは，資産の減損に限らず，これまでの日本基準の数値基準等をベースにしつつ，IFRS との明らかな差異部分を追加的に検討しているのが特徴である。

① [STEP1] 減損テストの単位を識別する

　上述したように，減損テストの単位は，実務上は IFRS でも日本基準でも個別資産単位でなく資金生成単位をもとに認識するのでほぼ基準の差異はない。

　資金生成単位とは，他の資産又は資産グループからのキャッシュ・インフローとは概ね独立したキャッシュ・インフローを生成する最小の識別可能な資産グループであり，本設例の前提条件通り，「会計サービス」と「税務サービス」の相互関連性は薄く，「概ね独立したキャッシュ・インフローを生成する最小の識別可能な資産グループ」とされているため，この 2 つをそれぞれ資金生成単位として認識する。

② [STEP2] 減損の兆候の有無の検討をする

　一般社団法人日本経済団体連合会公表の IFRS 任意適用に関する実務対応参考事例に記載の通り，多くの企業では，日本基準での実務を基礎としつつ，IFRS の規定の趣旨を踏まえて，実務上の対応を行っている。

　上記 IFRS 任意適用に関する実務対応参考事例によると，IFRS の日本企業の対応状況は下記の通りであり，資産の減損を実務で適用する際に大いに参考になる。

IFRSでは，減損の兆候として具体的な数値基準は示されていないものの，

第 1 章　資産の減損　*13*

原則の考え方は日本基準と同じ趣旨であることを踏まえ，日本基準で用いられている数値基準をそのまま踏襲する企業が多い。

　日本基準には無い兆候の例示として，IFRS では，市場利率又は他の市場投資収益率が上昇し，割引率に影響する結果，資産の回収可能価額が著しく減少すると予想される場合（IAS36.12(c)）及び，報告企業の純資産の帳簿価額が株式時価総額を超過している場合（IAS36.12(d)）が挙げられている。多くの企業では，当該取扱いを減損の兆候として用いるか否かを検討している。

　具体的な実務対応においては，これらの例示に加え，企業を取り巻く環境，グルーピング実務，重要性等を踏まえた上で，自社独自の判断基準を設定している。結果として IFRS 適用以前の判断基準を IFRS にあたっても踏襲する企業が多い。

　上記から本設例では，IFRS における資産の減損の兆候の検討として，日本基準の減損の兆候の検討項目である項目 2 つに，(1)市場利率又は他の市場投資収益率が上昇し，割引率に影響する結果，資産の回収可能価額が著しく減少すると予想される場合（IAS36.12(c)）及び，(2)報告企業の純資産の帳簿価額が株式時価総額を超過している場合（IAS36.12(d)）の 2 つを追加して検討するものと仮定する。具体的には下記 4 項目で減損の兆候を検討する。

① 営業損益が過去 2 期連続してマイナスの場合（当期の見込みが明らかにプラスになる場合は該当しない）
② 資産の市場価値が帳簿価額と比較して 50％ 以上下落している場合
③ 割引率を上昇させる場合，過年度において使用価値を回収可能価額とした減損案件について減損の兆候ありと判断する
④ 一定頻度で PBR を確認し，1 を下回る場合は，将来の連結営業キャッシュ・フローの推定値を割引し，回収可能価額を算定し，当該事象が資金生成単位の固定資産の収益性の悪化を示唆するものかどうか検討する

本設例において，上記項目のうち，①，②は，図表 1-1-1「減損テストの

単位の識別及び減損の兆候の有無の検討に関するワークシート」で整理する。

図表 1-1-1　減損テストの単位の識別及び減損の兆候の有無の検討に関するワークシート

会社名：福留聡株式会社　事業年度：2017年3月期

Ⅰ　営業損益に係る兆候の把握　　　　　　　　　　　　　　　　　　　　　　（単位：千円）

資金生成単位	項目	実績		見込み	計		兆候判定
		2015	2016	2017			
①会計サービス	売上高	4,000,000	3,800,000	3,990,000	11,790,000		
	売上原価	3,000,000	3,100,000	3,032,400	9,132,400		
	販売費及び一般管理費	1,500,000	1,000,000	1,117,200	3,617,200		
	営業利益	(500,000)	(300,000)	(159,600)	(959,600)	➡	○
	減価償却費	100,000	100,000	100,000	300,000		
	運転資本の増加（減少）	50,000	50,000	―	100,000		
	営業キャッシュ・フロー	(450,000)	(250,000)	(59,600)	(759,600)	➡	○
②税務サービス	売上高	12,000,000	15,000,000	18,000,000	45,000,000		
	売上原価	9,000,000	10,000,000	12,000,000	31,000,000		
	販売費及び一般管理費	4,000,000	3,000,000	3,600,000	10,600,000		
	営業利益	(1,000,000)	2,000,000	2,400,000	3,400,000	➡	×
	減価償却費	50,000	50,000	50,000	150,000		
	運転資本の増加（減少）	100,000	―	―	100,000		
	営業キャッシュ・フロー	(1,050,000)	2,050,000	2,450,000	3,450,000	➡	×

Ⅱ　市場価格に係る兆候の把握　　　　　　　　　　　　　　　　　　　　　　（単位：千円）

資金生成単位	保有するすべての固定資産			市場価格		兆候判定
	名称	勘定科目	帳簿価額	価格	根拠	
①会計サービス	土地	土地	1,500,000	800,000	不動産鑑定評価	
	建物	建物	600,000	200,000	不動産鑑定評価	
	大型特殊自動車	車両運搬具	20,000	18,000	償却資産税評価額	
	合　計		2,120,000	1,018,000	―	➡ ○
②税務サービス	土地	土地	800,000	1,000,000	不動産鑑定評価	
	建物	建物	200,000	220,000	不動産鑑定評価	
	看板	器具備品	35,000	32,000	償却資産税評価額	
	合　計		1,035,000	1,252,000	―	➡ ×

　①について，図表1-1-1を見てみると，「会計サービス」の営業損益が過去2期連続してマイナスであり，当期の見込みもマイナスであり，減損の兆候があることが分かる。

第1章　資産の減損　　*15*

②について，「会計サービス」の資産の市場価値合計 1,018,000 千円が帳簿価額合計 2,120,000 千円と比較して 50% 以上下落しており，減損の兆候があることが分かる。

③であるが，福留聡株式会社は，割引率として WACC（加重平均資本コスト）を採用しているが，WACC の計算過程において，この会社はリスクフリーレートとして 10 年国債利回りを採用している。従って，財務省ホームページの国債金利情報をもとに過去の 10 年国債利回りの推移を分析した結果，市場金利又は他の市場投資収益率は，当期中は下落傾向であり，減損の兆候は生じていない。WACC については後で詳細に解説する。

④であるが，PBR は，Price Book-value Ratio の略称であり，株価純資産倍率という。PBR は，市場が評価した価値である時価総額が，会計上の解散価値である純資産の何倍であるかを表す指標であり，株価を 1 株当たり純資産（BPS：Book-value Per Share）で割ることにより算出できる。PBR が 1 を下回るということは，純資産が時価総額を上回り，解散価値のほうが市場価値を上回るということである。

本設例では，PBR が 1 を上回るとし，減損の兆候は生じていないものとする。なお，PBR が 1 を下回る場合は，将来の連結営業キャッシュ・フローの推定値を割引し，回収可能価額を計算するが，「図表 1-1-2　減損の認識及び測定ワークシート」では，減損の兆候がある「会計サービス」のみの測定をしており，これに「税務サービス」を加えて，全社ベースの回収可能価額を算定し，回収可能価額が簿価を下回る場合には減損の兆候に該当することとする。

上記の通り，実務上は，③，④は全社ベース単位の判断のため，③，④で減損の兆候に該当する場合は，①及び②等を含め総合的に判断し，資金生成単位で減損の認識及び測定をすることになる。

③ STEP3 減損損失の認識及び測定を行う

IFRS 任意適用に関する実務対応参考事例によると，IFRS における減損プロセスを検討するにあたり，日本基準（単体の実務）の 2 ステップアプロー

チを利用しているという企業が多く，単体の実務で割引前将来キャッシュ・フローが帳簿価額を上回り，減損不要と判定された対象資産については，1ステップアプローチにより改めて減損の要否を確認し，必要に応じて連結調整を行っていると記載されている。本設例においても，まずは，日本基準の2ステップアプローチにより，割引前将来キャッシュ・フローが帳簿価額を上回り，減損不要と判定された対象資産については，1ステップアプローチにより改めて減損の要否を確認する方法を採用する。

「図表1-1-2　減損の認識及び測定ワークシート」を見てみよう。

将来キャッシュ・フロー算定にあたり，採用した重要な仮定又は予測は下記の通りである。

【重要な仮定又は予測】

1. 売上高成長率については，当期見込み5.0％から毎期0.1％ずつ低減するものと仮定する。

2. 売上高売上原価比率は原価低減策を継続的に推進し，当期見込み76.0％から毎期0.5％ずつ低減するものと仮定する。

3. 売上高販売費及び一般管理費比率には，経費低減策を継続的に推進し，当期見込み28.0％から毎期0.5％ずつ低減するものと仮定する。

4. 2022年に設備投資500,000千円を見込んでおり，このプロジェクトは既に開始されている。

5. 経済的残存耐用年数経過後の処分コスト控除後の公正価値：資金生成単位の固定資産の現在の公正価値1,018,000千円－処分コスト18,000千円＝1,000,000千円

図表 1-1-2　減損損失の認識・測定ワークシート

会社名：福留聡株式会社　事業年度：2017 年 3 月期　グループ名：会計サービス

(単位：千円)

年度	過去実績		当期見込み	将来見込み			
	2015	2016	2017	2018	2019	2020	2021
売上高	4,000,000	3,800,000	3,990,000	4,185,510	4,386,414	4,592,576	4,803,834
（売上高成長率）		−5.0%	5.0%	4.9%	4.8%	4.7%	4.6%
売上原価	3,000,000	3,100,000	3,032,400	3,160,060	3,289,811	3,421,469	3,554,837
（売上原価率）	75.0%	81.6%	76.0%	75.5%	75.0%	74.5%	74.0%
販管費	1,500,000	1,000,000	1,117,200	1,151,015	1,184,332	1,217,033	1,248,997
（売上高販管費率）	37.5%	26.3%	28.0%	27.5%	27.0%	26.5%	26.0%
営業利益	(500,000)	(300,000)	(159,600)	(125,565)	(87,728)	(45,926)	0
△設備投資	—	—	—	—	—	—	—
＋正味売却価額	—	—	—	—	—	—	—
＋非資金損益項目	100,000	100,000	100,000	100,000	100,000	100,000	100,000
キャッシュ・フロー(割前)	(400,000)	(200,000)	(59,600)	(25,565)	12,272	54,074	100,000
（割引率7.16%）	1.00	1.00	1.00	1.07	1.07	1.15	1.23
キャッシュ・フロー(割後)	(400,000)	(200,000)	(59,600)	(23,856)	11,451	47,086	81,254

年度	将来見込み						将来見込み合計
	2022	2023	2024	2025	2026	2027	
売上高	5,020,007	5,240,887	5,466,245	5,695,828	5,929,357	6,166,531	51,487,190
（売上高成長率）	4.5%	4.4%	4.3%	4.2%	4.1%	4.0%	
売上原価	3,689,705	3,825,848	3,963,028	4,100,996	4,239,490	4,378,237	37,623,481
（売上原価率）	73.5%	73.0%	72.5%	72.0%	71.5%	71.0%	
販管費	1,280,102	1,310,222	1,339,230	1,366,999	1,393,399	1,418,302	12,909,630
（売上高販管費率）	25.5%	25.0%	24.5%	24.0%	23.5%	23.0%	
営業利益	50,200	104,818	163,987	227,833	296,468	369,992	954,079
△設備投資	500,000	—	—	—	—	—	500,000
＋正味売却価額	—	—	—	—	—	1,000,000	1,000,000
＋非資金損益項目	105,000	105,000	105,000	105,000	105,000	105,000	1,030,000
キャッシュ・フロー(割前)	(344,800)	209,818	268,987	332,833	401,468	1,474,992	2,484,079
（割引率7.16%）	1.32	1.41	1.51	1.62	1.74	1.86	
キャッシュ・フロー(割後)	(261,434)	148,452	177,593	205,054	230,803	791,279	1,407,682

【減損損失の認識の判定及び測定】

将来キャッシュ・フロー（千円）

割引前	2,484,079	＞	帳簿価額	2,120,000	117.2％

　⇒兆候の判定：減損損失を認識しない

割引後	1,407,682	＞	処分コスト控除後の公正価値	1,000,000
回収可能価額	1,407,682	＜	帳簿価額	2,120,000

　⇒兆候の判定：減損損失を認識する（減損損失　712,318）

図表1-1-2をご覧の通り，本設例においては，減損の兆候の判定で「会計サービス」に減損の兆候が生じていたため，「会計サービス」の減損の判定をまず割引前で行った結果，「割引前キャッシュ・フロー＞帳簿価額」となり減損不要と判定されたため，割引後キャッシュ・フローにより再度減損の判定をした結果，減損損失を認識することになったのが分かる。

減損テストの目的は，回収可能価額が帳簿価額よりも高いか否かを決定することであり，回収可能価額は，処分コスト控除後の公正価値か使用価値のいずれか高いほうとする。

公正価値とは，IAS36.6によると，測定日時点で市場参加者間の秩序ある取引において資産を売却するために受け取るであろう価格又は負債を移転するために支払うであろう価格であり，IFRS第13号「公正価値測定」に従うこととされている。

処分コストは，IAS36.6及びIAS36.28によると，法的費用，印紙税及び類似の取引税，資産の除却費用等資産処分に直接起因する増分コスト（財務費用，法人所得税は除く）であり，資産処分後の事業の縮小及び再編成に関連する解雇給付及び費用は含まれない。

上記の通り，処分コスト控除後の公正価値は，日本基準の正味売却価額とほぼ同じと考えてよい。

本設例では，【重要な仮定又は予測】5. において，1,018,000千円－処分コスト18,000千円＝1,000,000千円として算定している。

使用価値は，資産又は資金生成単位から生じると予想される将来キャッシュ・フローを割引率で割り引いた現在価値で算定される。

将来キャッシュ・フローは，IAS36.39によると，資産を継続的に使用することによるキャッシュ・インフローの予測，キャッシュ・インフローを生じさせるために，必然的に生じるキャッシュ・アウトフローのうち，当該資産に直接帰属する又は合理的かつ首尾一貫した基礎により配分できるものの予測，及び耐用年数終了時において資産の処分により受け取る正味キャッシュ・フローが含まれるとされている。

第1章 資産の減損 *19*

なお，IAS36.48 によると，将来の資産機能の拡張等は関連するキャッシュ・アウトフローが生じた時点で，又は，プロジェクトが実質的に開始された時点で将来キャッシュ・フローの見積もりに含める。

また，IAS36.45〜IAS36.47 によると，将来のリストラクチャリングの効果は，リストラクチャリング効果を確約した時点まで，将来キャッシュ・フローの見積もりには含まれない。

将来キャッシュ・フロー見積もりで留意すべき点は，IAS36.33 によると，キャッシュ・フローの予測は，当該資産の残存耐用年数にわたり存在する経済状況に関する経営者の最善の見積もりを反映する合理的かつ支持しうるものであること，経営者により承認された直近の財務予算又は予測に基づくものであり，より長い期間が正当化される場合を除き最長で5年間とされている。

なお，経営者が承認した予算を超える期間においては，原則として，一定又は低減する成長率により見積もり，市場等の長期平均成長率を超えてはならないとされている。

本設例では，「図表 1-1-2　減損の認識及び測定ワークシート」参照の通り，将来キャッシュ・フローは，資産を継続的に使用することによるキャッシュ・インフローを建物の経済的残存耐用年数 10 年分，経済的残存耐用年数終了時の資産の処分により受け取る正味キャッシュ・フロー，既にプロジェクトが開始している将来の資産機能の拡張等に関連するキャッシュ・アウトフローを含んでいる。

なお，福留聡株式会社の取締役会により承認された事業計画は5年であるが，過去において事業計画の数字と実績値の乖離は少なく，5年より長い期間である経済的残存耐用年数 10 年間の見積もりを合理的に行えるものと判断し，10年間にわたり将来キャッシュ・フローの見積もりをしている。

また，【重要な仮定又は予測】の 1.〜3. に記載の通り，売上高は毎期低減する成長率により見積もり，売上原価，販売費及び一般管理費も原価低減及び経費低減策を積極的に推進することで売上高売上原価比率及び売上高販売費及び一般管理費比率も毎期低減を見込んでいる。

IAS36.55 及び IAS36.56 によると，使用価値の算定に用いる割引率は，貨幣の時間価値に対する現在の市場の評価と，資産又は資金生成単位に固有のリスクを反映した税引前の割引率とされ，類似資産の現在の市場取引で暗示される利率か，対象資産の資産又は資金生成単位と類似する単一の資産を有する上場企業の加重平均資本コストから見積もることとされている。

実務上は割引率として，加重平均資本コスト（WACC）を用いるのが通常であるため，本設例でも加重平均資本コストを用いている。

借入資本コストと自己資本コストを加重平均資本コストの算定式を示すと下記の通りである。

加重平均資本コスト $= \{R(e) \times E/(D+E)\} + \{R(d) \times (1-T) \times D/(D+E)\}$

$R(e) =$ 株主資本コスト

$R(d) =$ 負債コスト

$D =$ 有利子負債の額

$E =$ 株主資本の額

$T =$ 実効税率

株主資本コスト $R(e) = R(f) + \beta(R(m) - R(f))$

$R(f) =$ リスクフリーレート（国債利回り等）

$R(m) =$ 市場全体の投資利回り（過去の平均株式投資利回り等）

$\beta =$ 市場全体の変動に対する感応度（個別株式の変動／株式市場全体の変動）

本設例の「図表 1-1-3　加重平均資本コスト算定のためのワークシート」を参照いただきたい。

図表 1-1-3　加重平均資本コスト算定のためのワークシート

要素	記号	数値
リスクフリーレート	R(f)	−0.22%
市場全体の変動に対する感応度	β	1.21
市場全体の投資利回り	R(m)	8.23%
株主資本コスト	R(e)	10.00%
負債コスト	R(d)	2.12%
株主資本の額	E	2,400,000 千円
有利子負債の額	D	1,200,000 千円
実効税率	T	29.97%
加重平均資本コスト	WACC	7.16%

株主資本コスト $R(e) = R(f) + \beta(R(m) - R(f))$

$\qquad = -0.22\% + 1.21 \times (8.23\% - (-0.22\%)) = 10.00\%$

加重平均資本コスト $= \{R(e) \times E/(D+E)\} + \{R(d) \times (1-T) \times D/(D+E)\}$

$\qquad = 10.00\% \times 2,400,000$ 千円 $/(1,200,000$ 千円

$\qquad\qquad + 2,400,000$ 千円 $) + 2.12\% \times (1 - 29.97\%)$

$\qquad\qquad \times 1,200,000$ 千円 $/(1,200,000$ 千円

$\qquad\qquad + 2,400,000$ 千円 $) = 7.16\%$

したがって，本設例では，割引率として加重平均資本コストの 7.16% を用いる。

本設例において，「図表 1-1-2　減損の認識及び測定ワークシート」の減損損失の認識の判定及び測定をご覧いただきたい。

日本基準の 2 ステップアプローチにより，割引前キャッシュ・フローと帳簿価額の比較をすると，「割引前キャッシュ・フロー2,484,079 千円＞帳簿価額 2,120,000 千円」で減損不要となるため，改めて割引後キャッシュ・フローと帳簿価額を比較すると「割引後キャッシュ・フロー1,407,682 千円＜帳簿価額 2,120,000 千円」となり，減損の認識が必要になる。そこで，帳簿価額 2,120,000 千円と，割引後キャッシュ・フロー1,407,682 千円と処分コスト控除後の公正価値 1,000,000 千円のうち高いほうである割引後キャッシュ・フローとの差額 712,318 千円を減損損失として認識する。

本設例では，日本基準では，2ステップアプローチにより，「割引前キャッシュ・フロー＞帳簿価額」となって減損損失の測定が不要となり減損不要となるが，IFRSでは1ステップアプローチにより減損損失の認識が必要になるのが分かる。

最後に，IAS36.104によると，資金生成単位で算定された減損損失を下記の順序で配分する必要がある。

① 資金生成単位又は資金生成単位グループに配分されたのれんの帳簿価額を減額する。

② 資金生成単位内の各資産の帳簿価額に基づいた比例按分により配分する。ただし，配分後の帳簿価額は，測定可能な場合は処分コスト控除後の公正価値や使用価値を，測定不能な場合はゼロを下回ることはできないものとされている。

経済的残存耐用年数経過後の処分コスト控除後の公正価値1,000,000千円の内訳は，土地750,000千円，建物250,000千円，車両運搬具はゼロとする。

図表1-1-4　減損損失の配分のためのワークシート

(単位：千円)

資金生成単位	保有する全ての固定資産							
	名称	勘定科目	帳簿価額	簿価割合	減損損失按分額	減損後の簿価	経済的残存耐用年数経過後の処分コスト控除後の公正価値	再配分が必要か否か
会計サービス	土地	土地	1,500,000	70.75%	503,999	996,001	750,000	再配分は要しない
	建物	建物	600,000	28.30%	201,599	398,401	250,000	再配分は要しない
	大型特殊自動車	車両運搬具	20,000	0.94%	6,720	13,280	0	再配分は要しない
	合計		2,120,000	100%	712,318	1,407,682	1,000,000	－

【減損損失計上の仕訳】(単位：千円)

(借)減　損　損　失	712,318	(貸)土　　　　　　地	503,999
		建　　　　　　物	201,599
		車　両　運　搬　具	6,720

減損損失全体の金額を資金生成単位の帳簿価額に基づき按分すると，上記「図表1-1-4　減損損失の配分のためのワークシート」の通りになる。

この際に，処分コスト控除後の公正価値を帳簿価額が上回る場合は減損損失の再配分が必要になるが，本設例では，再配分が不要なのが分かる。

なお，減損損失の仕訳は「図表1-1-4　減損損失の配分のためのワークシート」の通り，下記仕訳になる。

【減損損失計上の仕訳】（単位：千円）

（借）減　損　損　失	712,318	（貸）土	地	503,999
		建	物	201,599
		車両運搬具		6,720

Ⅱ　のれんの減損

IAS36.80によると，のれんは，企業結合のシナジーから便益を得ることが期待される資金生成単位又は資金生成単位グループに配分しなければならず，のれんが内部管理目的で監視している企業内の最小のレベルを表し，かつ集約前におけるIFRS第8号・第5号の事業セグメントで定義された事業セグメントよりも大きくないという要件を満たす必要がある。

対して，日本基準では，固定資産の減損に係る適用指針第17項によると，通常，のれんは独立してそれ自体では減損の兆候があるかどうかを判断できないため，原則として，のれんを含む，より大きな単位で判断されることとなるとされ，IFRSがのれんの帳簿価格を資金生成単位に配分するのに対して，日本基準では，原則として配分しないとされている。

福留聡株式会社は，2017年3月31日に伊達政宗総合会計株式会社を買収し，のれんが800,000千円生じたものとする。伊達政宗総合会計株式会社は，固定資産を保有していないものとする。伊達政宗総合会計株式会社買収により，「会計サービス」の年間の税前の増分利益が20,000千円，「税務サービス」の年間の税前の増分利益が180,000千円とする。

上記以外は「Ⅰ　資産の減損」の設例と同じ前提条件とする。

のれんの配分は，シナジーから便益を得ることが期待される資金生成単位又

は資金生成単位グループに配分し，本設例では，増分利益に応じて按分するものとするため，「会計サービス」へののれん配分額は 800,000 千円÷(20,000千円＋180,000 千円)×20,000 千円＝80,000 千円，「税務サービス」へののれん配分額は 800,000 千円÷(20,000 千円＋180,000 千円)×180,000 千円＝720,000 千円となる。

① STEP1 減損テストの単位を識別する

のれんを配分したケースでも，資金生成単位は，「会計サービス」と「税務サービス」の２つで変わらない。

② STEP2 減損の兆候の有無の検討をする

下記４項目の減損の兆候の検討でのれんを配分する場合，本設例では，固定資産の帳簿価額に変更があるため，②のみ追加で検討を行う必要がある。なお，本設例では当期末の買収であるため影響しないが，期中に買収等した場合，営業損益も影響するので①の当期見込み数字を変更した上で検討を行う必要がある。

なお，期中買収により，将来キャッシュ・フローの増加が見込まれる場合，④PBR が１を下回る場合は，回収可能価額の再計算も必要である。

① 営業損益が過去２期連続してマイナスの場合（当期の見込みが明らかにプラスになる場合は該当しない）

② 資産の市場価値が帳簿価額と比較して 50% 以上下落している場合

③ 割引率を上昇させる場合，過年度において使用価値を回収可能価額とした減損案件について減損の兆候ありと判断する

④ 一定頻度で PBR を確認し，１を下回る場合は，将来の連結営業キャッシュ・フローの推定値を割引し，回収可能価額を算定し，当該事象が資金生成単位の固定資産の収益性の悪化を示唆するものかどうか検討する

図表 1-2-1　のれんを含む減損テストの単位の識別及び減損の兆候の有無の検討に関するワークシート

会社名：福留聡株式会社　事業年度：2017 年 3 月期

I　営業損益に係る兆候の把握

（単位：千円）

資金生成単位の業績	項目	実績		見込み	計		兆候判定
		2015	2016	2017			
①会計サービス	売上高	4,000,000	3,800,000	3,990,000	11,790,000		
	売上原価	3,000,000	3,100,000	3,032,400	9,132,400		
	販売費及び一般管理費	1,500,000	1,000,000	1,117,200	3,617,200		
	営業利益	(500,000)	(300,000)	(159,600)	(959,600)	➡	○
	減価償却費	100,000	100,000	100,000	300,000		
	運転資木の増加（減少）	50,000	50,000	―	100,000		
	営業キャッシュ・フロー	(450,000)	(250,000)	(59,600)	(759,600)	➡	○
②税務サービス	売上高	12,000,000	15,000,000	18,000,000	45,000,000		
	売上原価	9,000,000	10,000,000	12,000,000	31,000,000		
	販売費及び一般管理費	4,000,000	3,000,000	3,600,000	10,600,000		
	営業利益	(1,000,000)	2,000,000	2,400,000	3,400,000	➡	×
	減価償却費	50,000	50,000	50,000	150,000		
	運転資本の増加（減少）	100,000	―	―	100,000		
	営業キャッシュ・フロー	(1,050,000)	2,050,000	2,450,000	3,450,000	➡	×

II　市場価格に係る兆候の把握

資金生成単位	保有する全ての固定資産			市場価格		兆候判定	
	名称	勘定科目	帳簿価額	価格	根拠		
①会計サービス	土地	土地	1,500,000	800,000	不動産鑑定評価		
	建物	建物	600,000	200,000	不動産鑑定評価		
	大型特殊自動車	車両運搬具	20,000	18,000	償却資産税評価額		
	のれん（伊達政宗総合会計株式会社買収により発生）	のれん	80,000	―	―		
	合　計		2,200,000	1,018,000	―	➡	○
②税務サービス	土地	土地	800,000	1,000,000	不動産鑑定評価		
	建物	建物	200,000	220,000	不動産鑑定評価		
	看板	器具備品	35,000	32,000	償却資産税評価額		
	のれん（伊達政宗総合会計株式会社買収により発生）	のれん	720,000	―	―		
	合　計		1,755,000	1,252,000	―	➡	×

①　「I　資産の減損」と同様であるが，図表 1-2-1 を見てみると，「会計サービス」の営業損益が過去 2 期連続してマイナスであり，当期の見

込みもマイナスであり，減損の兆候があることが分かる。

② 図表 1-2-1 によると，「Ⅰ 資産の減損」の設例と同様に「会計サービス」の資産の市場価値合計 1,018,000 千円が帳簿価額合計 2,200,000 千円と比較して 50% 以上下落しており，減損の兆候があることが分かる。

③ STEP3 減損損失の認識及び測定を行う

下記図表「図表 1-2-2　のれんを含む減損の認識及び測定ワークシート」をご覧いただきたい。

将来キャッシュ・フロー算定にあたり，採用した重要な仮定又は予測は下記の通りである。

【重要な仮定又は予測】

1. 売上高成長率については，当期見込み 5.0 ％から毎期 0.1 ％ずつ低減するものと仮定する。

2. 売上高売上原価比率は原価低減策を継続的に推進し，当期見込み 76.0 ％から毎期 0.5 ％ずつ低減するものと仮定する。

3. 売上高販売費及び一般管理費比率には，経費低減策を継続的に推進し，当期見込み 28.0 ％から毎期 0.5 ％ずつ低減するものと仮定する。

4. 2022 年に設備投資 500,000 千円を見込んでおり，このプロジェクトは既に開始されている。

5. 経済的残存耐用年数経過後の処分コスト控除後の公正価値：資金生成単位の固定資産の現在の公正価値 1,018,000 千円－処分コスト 18,000 千円＝1,000,000 千円

図表 1-2-2　のれんを含む減損損失の認識・測定ワークシート

会社名：福留聡株式会社　事業年度：2017年3月期　グループ名：会計サービス

（単位：千円）

年度	過去実績		当期見込み	将来見込み			
	2015	2016	2017	2018	2019	2020	2021
売上高	4,000,000	3,800,000	3,990,000	4,185,510	4,386,414	4,592,576	4,803,834
（売上高成長率）		−5.0%	5.0%	4.9%	4.8%	4.7%	4.6%
売上原価	3,000,000	3,100,000	3,032,400	3,160,060	3,289,811	3,421,469	3,554,837
（売上原価率）	75.0%	81.6%	76.0%	75.5%	75.0%	74.5%	74.0%
販管費	1,500,000	1,000,000	1,117,200	1,151,015	1,184,332	1,217,033	1,248,997
（売上高販管費率）	37.5%	26.3%	28.0%	27.5%	27.0%	26.5%	26.0%
営業利益	(500,000)	(300,000)	(159,600)	(125,565)	(87,728)	(45,926)	0
買収による増分利益	—	—	—	20,000	20,000	20,000	20,000
△設備投資	—	—	—	—	—	—	—
＋正味売却価額	—	—	—	—	—	—	—
＋非資金損益項目	100,000	100,000	100,000	100,000	100,000	100,000	100,000
キャッシュ・フロー(割前)	(400,000)	(200,000)	(59,600)	(5,565)	32,272	74,074	120,000
（割引率7.16%）	1.00	1.00	1.00	1.07	1.07	1.15	1.23
キャッシュ・フロー(割後)	(400,000)	(200,000)	(59,600)	(5,193)	30,114	64,501	97,505

年度	将来見込み						将来見込み合計
	2022	2023	2024	2025	2026	2027	
売上高	5,020,007	5,240,887	5,466,245	5,695,828	5,929,357	6,166,531	51,487,190
（売上高成長率）	4.5%	4.4%	4.3%	4.2%	4.1%	4.0%	—
売上原価	3,689,705	3,825,848	3,963,028	4,100,996	4,239,490	4,378,237	37,623,481
（売上原価率）	73.5%	73.0%	72.5%	72.0%	71.5%	71.0%	—
販管費	1,280,102	1,310,222	1,339,230	1,366,999	1,393,399	1,418,302	12,909,630
（売上高販管費率）	25.5%	25.0%	24.5%	24.0%	23.5%	23.0%	—
営業利益	50,200	104,818	163,987	227,833	296,468	369,992	954,079
買収による増分利益	20,000	20,000	20,000	20,000	20,000	20,000	200,000
△設備投資	500,000	—	—	—	—	—	500,000
＋正味売却価額	—	—	—	—	—	1,000,000	1,000,000
＋非資金損益項目	105,000	105,000	105,000	105,000	105,000	105,000	1,030,000
キャッシュ・フロー(割前)	(324,800)	229,818	288,987	352,833	421,468	1,494,992	2,684,079
（割引率7.16%）	1.32	1.41	1.51	1.62	1.74	1.86	—
キャッシュ・フロー(割後)	(246,270)	162,603	190,797	217,376	242,301	802,008	1,555,743

【減損損失の認識の判定及び測定】

将来キャッシュ・フロー（千円）

割引前　　　2,684,079　　＞　　帳簿価額　　2,200,000　　122.0％
　⇒兆候の判定：減損損失を認識しない

割引後　　　1,555,743　　＞　　処分コスト控除後の公正価値　1,000,000
回収可能価額　1,555,743　　＜　　帳簿価額　　2,200,000
　⇒兆候の判定：減損損失を認識する　（減損損失　644,257）

伊達政宗総合会計株式会社買収により，「会計サービス」の年間の税前の増分利益が毎年 20,000 千円増加しているのが分かる。

上記を前提に「図表 1-1-2　減損の認識及び測定ワークシート」の減損損失の認識の判定及び測定をご覧いただきたい。

日本基準の 2 ステップアプローチにより，割引前キャッシュ・フローと帳簿価額の比較をすると，「割引前キャッシュ・フロー2,684,079 千円＞帳簿価格 2,200,000 千円」で減損不要となるため，改めて割引後キャッシュ・フローと帳簿価額を比較すると「割引後キャッシュ・フロー1,555,743 千円＜帳簿価額 2,200,000 千円」となり，減損の認識が必要になり，帳簿価額 2,200,000 千円と割引後キャッシュ・フロー1,555,743 千円と処分コスト控除後の公正価値 1,000,000 千円のいずれか高い金額である割引後キャッシュ・フローとの差額 644,257 千円を減損損失として認識する。

図表 1-2-3　のれんを含む減損損失の配分のためのワークシート

（単位：千円）

資金生成単位	保有する全ての固定資産							
	名称	勘定科目	帳簿価額	のれん除く簿価割合	減損損失按分額	減損後の簿価	経済的残存耐用年数経過後の処分コスト控除後の公正価値	再配分が必要か否か
会計サービス	土地	土地	1,500,000	70.75%	399,238	1,100,762	750,000	再配分は要しない
	建物	建物	600,000	28.30%	159,695	440,305	250,000	再配分は要しない
	大型特殊自動車	車両運搬具	20,000	0.94%	5,323	14,677	0	再配分は要しない
	のれん(伊達政宗総合会計株式会社買収により発生)	のれん	80,000		80,000	0	—	—
	合　計		2,200,000	100%	644,257	1,555,743	1,000,000	—

【減損損失計上の仕訳】（単位：千円）

（借）減　損　損　失	644,257	（貸）土　　　　　地	399,239
		建　　　　　物	159,695
		車　両　運　搬　具	5,323
		の　れ　ん	80,000

上記「図表 1-2-3　のれんを含む減損損失配分のためのワークシート」の通り，減損損失全体の金額を資金生成単位の帳簿価額に基づき按分するとこのようになる。

資産の減損との配分方法の違いは，減損合計額 644,257 千円のうち，のれん 80,000 千円をまず優先的に減額し，その後の残額 564,257 千円を資金生成単位の各資産の帳簿価額に基づき按分している。

なお，減損損失の仕訳は「図表 1-2-3　のれんを含む減損損失配分のためのワークシート」の通り，下記仕訳になる。

【減損損失計上の仕訳】（単位：千円）

(借) 減 損 損 失	644,257	(貸) 土	地	399,239
		建	物	159,695
		車 両 運 搬 具		5,323
		の れ ん		80,000

Ⅲ　全社資産の減損

IAS36.101 によると，全社資産は，個別のキャッシュ・インフローを発生させない資産であり，全社資産に減損の兆候があった場合でも，処分決定の場合を除き単独では回収可能価額の測定はできないため，全社資産を合理的かつ首尾一貫した基準で資金生成単位に配分し回収可能価額を決定することが求められている。

対して，日本基準では，固定資産の減損に係る会計基準「二 減損損失の認識と測定」「7 共用資産の取扱い」によると，共用資産に減損の兆候がある場合に，減損損失を認識するかどうかの判定は，共用資産が関連する複数の資産又は資産グループに共用資産を加えた，より大きな単位で行う，共用資産の帳簿価額を当該共用資産に関連する資産又は資産グループに合理的な基準で配分することができる場合には，共用資産の帳簿価額を各資産又は資産グループに配分したうえで減損損失を認識するかどうかを判定することができるとされて

おり，IFRS と異なり，共用資産の配分はあくまで容認規定であり，共用資産を含むより大きな単位で行うのが原則とされている。

　なお，全社資産の配分基準は，IFRS において規定されていないが，IFRS においても，日本基準の固定資産の減損に係る適用指針第 130 項を参考に，共用資産に係る費用を配分しているのみならず共用資産の帳簿価額を各資産又は資産グループに配分して管理会計を行っている場合や，共用資産であっても，各資産又は資産グループの将来キャッシュ・フローの生成に密接に関連し，例えば，動力設備における合理的に見込まれる総消費量の比率など，その寄与する度合いとの間に強い相関関係を持つ合理的な配賦基準が存在する場合が該当すると考えられ，このような場合には，共用資産の帳簿価額を当該共用資産に関連する各資産又は資産グループに当該合理的な配賦基準で配分することができるとされている。

　全社資産の減損テストは下記 2 つのステップに基づき行う。

[STEP1]　全社資産を除く個別の資金生成単位で減損テストを実施する
[STEP2]　全社資産が配分された最小の資金生成単位グループに対して減損テストを実施する

　具体的に「Ⅰ　資産の減損」の設例の前提条件に追加で下記条件のみを追加する。

　本社ビル帳簿価額 600,000 千円（内訳は，土地 300,000 千円，建物 300,000 千円）があり，「会計サービス」，「税務サービス」は全社ビルをそれぞれ 2 対 1 の面積割合で利用している。

　面積比で本社ビルの帳簿価額を按分すると，「会計サービス」に 400,000 千円（内訳は土地 200,000 千円，建物 200,000 千円），「税務サービス」200,000 千円（内訳は土地 100,000 千円，建物 100,000 千円）按分される。

第1章　資産の減損　*31*

① **STEP1** 減損テストの単位を識別する

全社資産である本社ビルを配分したケースでも，資金生成単位は，「会計サービス」と「税務サービス」の2つで変わらない。

② **STEP2** 減損の兆候の有無の検討をする

下記4項目の減損の兆候の検討で全社資産である本社ビルを配分する場合，本設例では，固定資産の帳簿価額，減価償却費及び本社ビルの販売費及び一般管理費に変更があるため，①及び②について追加で検討を行う。本設例では，減価償却費以外の販売費及び一般管理費の変動はないものとする。

① 営業損益が過去2期連続してマイナスの場合（当期の見込みが明らかにプラスになる場合は該当しない）

② 資産の市場価値が帳簿価額と比較して50%以上下落している場合

③ 割引率を上昇させる場合，過年度において使用価値を回収可能価額とした減損案件について減損の兆候ありと判断する

④ 一定頻度でPBRを確認し，1を下回る場合は，将来の連結営業キャッシュ・フローの推定値を割引し，回収可能価額を算定し，当該事象が資金生成単位の固定資産の収益性の悪化を示唆するものかどうか検討する

「Ⅰ 資産の減損」の設例の通り，個別の資金生成単位レベルで「会計サービス」に減損の兆候がある。

次に，全社資産が配分された最小の資金生成単位グループで減損テストを行う。

下記「図表1-3-1 全社資産を含む減損テストの単位の識別及び減損の兆候の有無の検討に関するワークシート」を参照されたい。

① 「会計サービス」の営業損益が過去2期連続してマイナスであり，当期の見込みもマイナスであり，減損の兆候があることが分かる。

② 「会計サービス」の資産の市場価値合計1,298,000千円が帳簿価額合計2,600,000千円と比較して50%以上下落しており，減損の兆候があることが分かる。

図表 1-3-1 全社資産を含む減損テストの単位の識別及び減損の兆候の有無の検討に関するワークシート

会社名：福留聡株式会社　事業年度：2017 年 3 月期

Ⅰ　営業損益に係る兆候の把握 （単位：千円）

資金生成単位の業績	項目	実績		見込み	計		兆候判定
		2015	2016	2017			
① 会計サービス	売上高	4,000,000	3,800,000	3,990,000	11,790,000		
	売上原価	3,000,000	3,100,000	3,032,400	9,132,400		
	販売費及び一般管理費	1,520,000	1,020,000	1,137,200	3,677,200		
	営業利益	(520,000)	(320,000)	(179,600)	(1,019,600)	➡	○
	減価償却費	120,000	120,000	120,000	360,000		
	運転資本の増加（減少）	50,000	50,000	—	100,000		
	営業キャッシュ・フロー	(450,000)	(250,000)	(59,600)	(759,600)	➡	○
② 税務サービス	売上高	12,000,000	15,000,000	18,000,000	45,000,000		
	売上原価	9,000,000	10,000,000	12,000,000	31,000,000		
	販売費及び一般管理費	4,010,000	3,010,000	3,610,000	10,630,000		
	営業利益	(1,010,000)	1,990,000	2,390,000	3,370,000	➡	×
	減価償却費	60,000	60,000	60,000	180,000		
	運転資本の増加（減少）	100,000	—	—	100,000		
	営業キャッシュ・フロー	(1,050,000)	2,050,000	2,450,000	3,450,000	➡	×

Ⅱ　市場価格に係る兆候の把握

資金生成単位	保有するすべての固定資産			市場価格			兆候判定
	名称	勘定科目	帳簿価額	価格	根拠		
① 会計サービス	土地	土地	1,500,000	800,000	不動産鑑定評価		
	建物	建物	600,000	200,000	不動産鑑定評価		
	大型特殊自動車	車両運搬具	20,000	18,000	償却資産税評価額		
	のれん（伊達政宗総合会計株式会社買収により発生）	のれん	80,000	—	—		
	本社ビル-土地	土地	200,000	200,000	—		
	本社ビル-建物	建物	200,000	80,000	—		
		合　計	2,600,000	1,298,000	—	➡	○
② 税務サービス	土地	土地	800,000	1,000,000	不動産鑑定評価		
	建物	建物	200,000	220,000	不動産鑑定評価		
	看板	器具備品	35,000	32,000	償却資産税評価額		
	のれん（伊達政宗総合会計株式会社買収により発生）	のれん	720,000	—	—		
	本社ビル-土地	土地	100,000	100,000	—		
	本社ビル-建物	建物	100,000	40,000	—		
		合　計	1,955,000	1,392,000	—	➡	×

第 1 章　資産の減損　　*33*

3 STEP3 減損損失の認識及び測定を行う

下記図表「図表 1-3-2　全社資産を含む減損の認識及び測定ワークシート」
をご覧いただきたい。

将来キャッシュ・フロー算定にあたり，採用した重要な仮定又は予測は下記
の通りである。

【重要な仮定又は予測】

1. 売上高成長率については，当期見込み 5.0 ％から毎期 0.1 ％ずつ低減する
   ものと仮定する。

2. 売上高売上原価比率は原価低減策を継続的に推進し，当期見込み 76.0 ％
   から毎期 0.5 ％ずつ低減するものと仮定する。

3. 売上高販売費及び一般管理費比率には，経費低減策を継続的に推進し，当
   期見込み 28.0 ％から毎期 0.5 ％ずつ低減するものと仮定する。

4. 2022 年に設備投資 500,000 千円を見込んでおり，このプロジェクトは既
   に開始されている。

5. 経済的残存耐用年数経過後の処分コスト控除後の公正価値：資金生成単位
   の固定資産の現在の公正価値 1,298,000 千円－処分コスト 18,000 千円＝
   1,280,000 千円

図表 1-3-2　全社資産を含む減損損失の認識・測定ワークシート

会社名：福留聡株式会社　事業年度：2017 年 3 月期　グループ名：会計サービス

(単位：千円)

年度	過去実績		当期見込み	将来見込み			
	2015	2016	2017	2018	2019	2020	2021
売上高	4,000,000	3,800,000	3,990,000	4,185,510	4,386,414	4,592,576	4,803,834
（売上高成長率）		−5.0%	5.0%	4.9%	4.8%	4.7%	4.6%
売上原価	3,000,000	3,100,000	3,032,400	3,160,060	3,289,811	3,421,469	3,554,837
（売上原価率）	75.0%	81.6%	76.0%	75.5%	75.0%	74.5%	74.0%
販管費	1,520,000	1,020,000	1,137,200	1,171,015	1,204,332	1,237,033	1,268,997
（売上高販管費率）	38.0%	26.8%	28.0%	27.5%	27.0%	26.5%	26.0%
営業利益	(520,000)	(320,000)	(179,600)	(145,565)	(107,728)	(65,926)	(20,000)
△設備投資	—	—	—	—	—	—	—
＋正味売却価額	—	—	—	—	—	—	—
＋非資金損益項目	120,000	120,000	120,000	120,000	120,000	120,000	120,000
キャッシュ・フロー(割前)	(400,000)	(200,000)	(59,600)	(25,565)	12,272	54,074	100,000
（割引率7.16%）	1.00	1.00	1.00	1.07	1.07	1.15	1.23
キャッシュ・フロー(割後)	(400,000)	(200,000)	(59,600)	(23,856)	11,451	47,086	81,254

年度	将来見込み						将来見込み 合計
	2022	2023	2024	2025	2026	2027	
売上高	5,020,007	5,240,887	5,466,245	5,695,828	5,929,357	6,166,531	51,487,190
（売上高成長率）	4.5%	4.4%	4.3%	4.2%	4.1%	4.0%	—
売上原価	3,689,705	3,825,848	3,963,028	4,100,996	4,239,490	4,378,237	37,623,481
（売上原価率）	73.5%	73.0%	72.5%	72.0%	71.5%	71.0%	—
販管費	1,300,102	1,330,222	1,359,230	1,386,999	1,413,399	1,438,302	13,109,630
（売上高販管費率）	25.5%	25.0%	24.5%	24.0%	23.5%	23.0%	—
営業利益	30,200	84,818	143,987	207,833	276,468	349,992	754,079
△設備投資	500,000	—	—	—	—	—	500,000
＋正味売却価額	—	—	—	—	—	1,280,000	1,280,000
＋非資金損益項目	125,000	125,000	125,000	125,000	125,000	125,000	1,230,000
キャッシュ・フロー(割前)	(344,800)	209,818	268,987	332,833	401,468	1,754,992	2,764,079
（割引率7.16%）	1.32	1.41	1.51	1.62	1.74	1.86	—
キャッシュ・フロー(割後)	(261,434)	148,452	177,593	205,054	230,803	941,488	1,557,892

【減損損失の認識の判定及び測定】
将来キャッシュ・フロー（千円）

割引前　　　2,764,079　　　＞　　　帳簿価額　　　2,600,000　　　106.3 %
　⇒兆候の判定：減損損失を認識しない
割引後　　　1,557,892　　　＞　　　処分コスト控除後の公正価値　　1,280,000
回収可能価額　1,557,892　　　＜　　　帳簿価額　　　2,600,000
　⇒兆候の判定：減損損失を認識する　（減損損失　1,042,108）

第 1 章　資産の減損　　35

「図表 1-3-2　全社資産を含む減損の認識及び測定ワークシート」では，全社資産の配分により，減価償却費のみが増加するとしているため，「会計サービス」の販売費及び一般管理費が図表 1-2-2 に比較して毎年 20,000 千円増加し，一方で非資金損益項目が同額増加しているのが分かる。

また，経済的残存耐用年数経過後の処分コスト控除後の公正価値が全社資産の配分の時価分 280,000 千円増加していることが分かる。

上記を前提に図表 1-3-2 の減損損失の認識の判定及び測定をご覧いただきたい。

日本基準の 2 ステップアプローチにより，割引前キャッシュ・フローと帳簿価額の比較をすると，「割引前キャッシュ・フロー2,764,079 千円＞帳簿価額 2,600,000 千円」で減損不要となるため，改めて割引後キャッシュ・フローと帳簿価額を比較すると「割引後キャッシュ・フロー1,557,892 千円＜帳簿価額 2,600,000 千円」となり，減損の認識が必要になり，帳簿価額 2,600,000 千円と割引後キャッシュ・フロー1,557,892 千円と処分コスト控除後の公正価値 1,280,000 千円のいずれか高い金額である割引後キャッシュ・フローとの差額 1,042,108 千円を減損損失として認識する。

図表 1-3-3　全社資産を含む減損損失の配分のためのワークシート

(単位：千円)

資金生成単位	名称	勘定科目	帳簿価額	簿価割合	減損損失按分額	減損後の簿価	経済的残存耐用年数経過後の処分コスト控除後の公正価値
会計サービス	土地	土地	1,500,000	59.52%	620,302	879,698	750,000
	建物	建物	600,000	23.81%	248,121	351,879	250,000
	大型特殊自動車	車両運搬具	20,000	0.79%	8,271	11,729	0
	本社ビル(土地)	土地	200,000	7.94%	82,707	117,293	200,000
	本社ビル(建物)	建物	200,000	7.94%	82,707	117,293	80,000
		合計	2,520,000	100%	1,042,108	1,477,892	1,280,000

資金生成単位	名称	再配分が必要か否か	再配分資産除く簿価割合	減損損失再按分額	再按分後の減損後の簿価	経済的残存耐用年数経過後の処分コスト控除後の公正価値	再配分が必要か否か
会計サービス	土地	再配分は要しない	64.7%	53,474	826,223	750,000	再配分は要しない
	建物	再配分は要しない	25.9%	21,390	330,489	250,000	再配分は要しない
	大型特殊自動車	再配分は要しない	0.9%	713	11,016	0	再配分は要しない
	本社ビル（土地）	再配分を要する	－	0	200,000	200,000	再配分は要しない
	本社ビル（建物）	再配分は要しない	8.6%	7,130	110,163	80,000	再配分は要しない
	合計	－	100%	82,707	1,477,892	1,280,000	－

【減損損失計上の仕訳】（単位：千円）

（借）減　損　損　失　1,042,108　　（貸）土　　　　地　　673,777
　　　　　　　　　　　　　　　　　　　　建　　　物　　359,347
　　　　　　　　　　　　　　　　　　車　両　運　搬　具　　8,984

　上記「図表 1-3-3　全社資産を含む減損損失配分のためのワークシート」の通り，減損損失全体の金額を資金生成単位の帳簿価額に基づき按分するとこのようになる。

　資産の減損との配分方法の違いは，減損合計額 1,042,108 千円を全社資産配分後の資金生成単位の各資産の帳簿価額に基づき按分している点にある。

　この際，減損損失配分後の全社資産の土地が処分コスト控除後の公正価値を下回るため，再度，全社資産の土地を除いた帳簿価額に基づき再按分していることが分かる。

　なお，減損損失の仕訳は「図表 1-3-3　全社資産を含む減損損失配分のためのワークシート」の通り，下記仕訳になる。

【減損損失計上の仕訳】（単位：千円）

（借）減　損　損　失　1,042,108　　（貸）土　　　　地　　673,777
　　　　　　　　　　　　　　　　　　　　建　　　物　　359,347
　　　　　　　　　　　　　　　　　車　両　運　搬　具　　8,984

Ⅳ　資産の減損の戻入れ

　資産の減損の戻入れについては，一般社団法人日本経済団体連合会公表の
「IFRS 任意適用に関する実務対応参考事例」に記載の通り，確認プロセスは
行うものの，結果的には行わない運用としている企業がある。

　一方では，減損の兆候の裏返しとして，一定の重要性基準を設け，必要に応
じて戻入れの実務を行う運用としている企業があるとされており，戻入れを行
う場合にも「明らかに」や「著しい変化が発生した場合」等の条件の設定や，
一定金額の重要性基準を設けている企業が多いとのことである。

　減損の戻入れの兆候の例示は，減損の兆候と表裏一体であることが分かる。
ただし，実務上は，減損の戻入れの兆候の裏返しとして検討するが，減損の兆
候の 4 つの検討項目のうち，IAS36.12 と IAS36.111 を比較すると，
IAS36.12 (d)及び(e)に対応する例示が，IAS36.111 には存在しないため，
IAS36.12 (d)の対として，PBR が 1 を上回っていることは，減損の兆候の検
討を踏まえ，減損損失の戻入れの兆候として設定しないものとする。したがっ
て，下記 3 項目を減損の戻入れの兆候として検討することとする。

① 　営業損益が 2 期以上連続でプラスとなった場合（当期の見込みが明ら
　　かにマイナスになる場合は該当しない）

② 　資産の市場価値が過年度において認識された減損損失がなかった場合の
　　帳簿価格まで回復した場合

③ 　減損戻入れ測定時点で使用する割引率が，使用価値を算定した際に用い
　　た割引率と比較して，50% 以下となった場合

　設例の前提は，福留聡株式会社は，「Ⅰ　資産の減損」の際に 2017 年 3 月
期に「会計サービス」の固定資産減損損失計上後，「会計サービス」の 2018
年 3 月期，2019 年 3 月期の営業損益が黒字に転換後，2020 年 3 月期になり，
2020 年 3 月期以降も営業損益が黒字見込みになり，減損の戻入れの検討をす
ることにした。

また，固定資産の市場価値も土地及び建物が 2020 年 3 月期になり，2017
年 3 月期から急激に上昇しており，この点からも減損の戻入れの検討の必要
性が生じている。

割引率は 2017 年 3 月期から 2020 年 3 月期にかけて変化がないものとする。

① [STEP1] 減損の戻入れの兆候を評価する

本設例では，「図表 1-4-1　減損の戻入れの兆候の有無の検討に関するワー
クシート」を参照されたい。

① 「会計サービス」の営業損益が 2 期以上連続でプラスでかつ当期の見込
　みもプラスのため，減損の戻入れの兆候がある。

② 「会計サービス」の資産の市場価値合計 2,138,000 千円は過年度におい
　て認識された減損損失がなかった場合の帳簿価格合計 1,875,000 千円
　を上回っており，この点からも減損の戻入れの兆候がある。

③ 割引率は 2017 年 3 月期から 2020 年 3 月期にかけて変化がないため，
　減損の戻入れの兆候はない。

図表 1-4-1　減損の戻入れの兆候の有無の検討に関するワークシート

会社名：福留聡株式会社　事業年度：2020 年 3 月期

Ⅰ　営業損益に係る兆候の把握

(単位：千円)

資金生成単位の業績	項目	実績		見込み	計		兆候判定
		2018	2019	2020			
会計サービス	売上高	4,500,000	4,800,000	5,000,000	14,300,000		
	売上原価	3,200,000	3,100,000	3,250,000	9,550,000		
	販売費及び一般管理費	1,000,000	1,000,000	1,000,000	3,000,000		
	営業利益	300,000	700,000	750,000	1,750,000	➡	○
	減価償却費	100,000	100,000	100,000	300,000		
	運転資本の増加（減少）	—	—	—	0		
	営業キャッシュ・フロー	400,000	800,000	850,000	2,050,000	➡	○

Ⅱ　市場価格に係る兆候の把握

資金生成単位	保有するすべての固定資産				市場価格		兆候判定
	名称	勘定科目	減損損失が計上されなかった場合の帳簿価額	帳簿価額	価格	根拠	
会計サービス	土地	土地	1,500,000	996,001	1,800,000	不動産鑑定評価	
	建物	建物	360,000	300,000	320,000	不動産鑑定評価	
	大型特殊自動車	車両運搬具	15,000	12,000	18,000	償却資産税評価額	
	合　計		1,875,000	1,308,001	2,138,000	—	➡　○

② STEP2 減損損失の戻入れの認識及び測定を行う

減損の戻入れにおいても，まずは，日本基準の 2 ステップアプローチにより，割引前将来キャッシュ・フローが過年度において認識された減損損失がなかった場合の帳簿価額を上回り，減損損失の戻入れが必要と判定された対象資産については，1 ステップアプローチにより改めて減損損失の戻入れの要否を確認する方法を採用する。

将来キャッシュ・フロー算定にあたり，採用した重要な仮定又は予測は下記の通りである。

【重要な仮定又は予測】

1. 売上高成長率については，当期見込み 5.0 ％から毎期 0.1 ％ずつ低減す

るものと仮定する。

2. 売上高売上原価比率は原価低減策を継続的に推進し，当期見込み 76.0 ％から毎期 0.5 ％ずつ低減するものと仮定する。

3. 売上高販売費及び一般管理費比率には，経費低減策を継続的に推進し，当期見込み 28.0 ％から毎期 0.5 ％ずつ低減するものと仮定する。

4. 2022 年に設備投資 500,000 千円を見込んでおり，このプロジェクトは既に開始されている。

5. 経済的残存耐用年数経過後の処分コスト控除後の公正価値：資金生成単位の固定資産の現在の公正価値 2,138,000 千円－処分コスト 18,000 千円＝2,120,000 千円

図表 1-4-2　減損損失の戻入れの認識・測定のためのワークシート

会社名：福留聡株式会社　事業年度：2020 年 3 月期　グループ名：会計サービス

（単位：千円）

年度	過去実績		当期見込み	将来見込み		
	2018	2019	2020	2021	2022	2023
売上高	4,500,000	4,800,000	5,000,000	5,203,333	5,409,732	5,618,909
（売上高成長率）	―	6.7%	4.2%	4.1%	4.0%	3.9%
売上原価	3,200,000	3,100,000	3,250,000	3,356,150	3,462,229	3,568,007
（売上原価率）	71.1%	64.6%	65.0%	64.5%	64.0%	63.5%
販管費	1,000,000	1,000,000	1,000,000	1,014,650	1,027,849	1,039,498
（売上高販管費率）	22.2%	20.8%	20.0%	19.5%	19.0%	18.5%
営業利益	300,000	700,000	750,000	832,533	919,654	1,011,404
△設備投資	―	―	―	―	―	―
＋正味売却価額	―	―	―	―	―	―
＋非資金損益項目	100,000	100,000	100,000	100,000	100,000	100,000
キャッシュ・フロー(割前)	400,000	800,000	850,000	932,533	1,019,654	1,111,404
（割引率7.16%）	1.00	1.00	1.00	1.07	1.07	1.15
キャッシュ・フロー(割後)	400,000	800,000	850,000	870,188	951,485	967,764

第 1 章　資産の減損　*41*

年度	将来見込み				将来見込み合計
	2024	2025	2026	2027	
売上高	5,830,554	6,044,341	6,259,923	6,476,933	40,843,725
（売上高成長率）	3.8%	3.7%	3.6%	3.5%	—
売上原価	3,673,249	3,777,713	3,881,152	3,983,314	25,701,814
（売上原価率）	63.0%	62.5%	62.0%	61.5%	—
販管費	1,049,500	1,057,760	1,064,187	1,068,694	7,322,137
（売上高販管費率）	18.0%	17.5%	17.0%	16.5%	—
営業利益	1,107,805	1,208,868	1,314,584	1,424,925	7,819,774
△設備投資	—	500,000	—	—	500,000
＋正味売却価額	—	—	—	2,120,000	2,120,000
＋非資金損益項目	100,000	105,000	105,000	105,000	715,000
キャッシュ·フロー(割前)	1,207,805	813,868	1,419,584	3,649,925	10,154,774
（割引率7.16%）	1.23	1.32	1.41	1.51	—
キャッシュ·フロー(割後)	981,394	617,092	1,004,397	2,409,779	7,802,100

【減損損失の認識の判定及び測定】

将来キャッシュ・フロー（千円）

割引前　10,154,774　＞　過年度において認識された減損損失がなかった場合の帳簿価額　1,875,000　541.6 %
　⇒兆候の判定：減損損失の戻入れを認識する

割引後　7,802,100　＞　処分コスト控除後の公正価値　　　　　　　　　　　　　　　　 2,120,000

割引後　7,802,100　＞　過年度において認識された減損損失がなかった場合の帳簿価額　1,875,000
　⇒兆候の判定：減損損失の戻入れを認識する

　上記「図表1-4-2　減損損失の戻入れの認識・測定のためのワークシート」
をご覧の通り，「割引前キャッシュ・フロー＞帳簿価額」となり減損損失の戻
入れが必要と判定されたため，割引後キャッシュ・フローにより再度減損の戻
入れの判定をした結果，減損損失の戻入れを認識することになったのが分かる。

　回収可能価額は，処分コスト控除後の公正価値か使用価値のいずれか高いほ
うを過年度において認識された減損損失がなかった場合の帳簿価額と比較する。

　減損損失の戻入れ額の算定，各資金生成単位への減損損失の戻入れ額の按分，
減損損失の戻入れ仕訳は下記「図表1-4-3　減損損失戻入れの配分のための
ワークシート」を参照されたい。

図表1-4-3　減損損失戻入れの配分のためのワークシート

(単位：千円)

資金生成単位	保有するすべての固定資産							
	名称	勘定科目	減損損失が計上されなかった場合の帳簿価額	回収可能価額	左記いずれか低い金額	帳簿価額	減損損失戻入れ按分額	減損損失戻入れ後の簿価
会計サービス	土地	土地	1,500,000	1,800,000	1,500,000	996,001	503,999	1,500,000
	建物	建物	360,000	320,000	320,000	300,000	20,000	320,000
	大型特殊自動車	車両運搬具	15,000	18,000	15,000	12,000	3,000	15,000
	合計		1,875,000	2,138,000	1,835,000	1,308,001	526,999	1,835,000

【減損損失戻入れ計上の仕訳】(単位：千円)

(借)土　　　　地　　503,999　　　　(貸)減損損失戻入れ　　526,999
　　建　　　　物　　 20,000
　　車 両 運 搬 具　　 3,000

　IAS36.123によると，資金生成単位の減損損失の戻入れは個別の資産の帳簿価格に配分する。ただし，個別資産の帳簿価額は，回収可能額又は過年度に減損損失を認識することなく，当初通りに減価償却した場合の帳簿価格のいずれか低いほうを超えて増額してはならないため，いずれか低いほうが戻入れ限度額になる。

　減損損失の戻入れの仕訳は下記の通りになり，IAS36.119によると，他のIFRSの基準に従い資産が再評価されている場合を除き，ただちに当期純利益に認識される。

【減損損失戻入れ計上の仕訳】(単位：千円)

(借)土　　　　地　　503,999　　　　(貸)減損損失戻入れ　　526,999
　　建　　　　物　　 20,000
　　車 両 運 搬 具　　 3,000

第2章

資産除去債務

IFRS では，資産除去債務を単独の基準書として定めておらず，そのため，関連する各基準書等を適用することになる。

1 資産除去債務の会計処理と IFRS 基準書との適用関係の整理

I 資産除去債務の当初見積額の測定

IAS 第 16 号有形固定資産の中の IAS16.16 (c) で，資産除去債務を有形固定資産の取得原価に含むものとして，以下の当初見積額を対象としている。

・解体及び除去費用

・敷地の原状回復費用

・取得又は使用した結果生ずる債務

（ただし，特定の期間に棚卸資産を生産する目的で使用した結果として当該期間に発生する資産除去債務は有形固定資産の取得原価には含めずに IAS 第 2 号棚卸資産を適用する。）

資産除去債務は，資産取得という行為によって資産の除去等の時期に不可避的に生じるコストであるため，資産除去債務額は有形固定資産の取得原価に含められ，耐用年数にわたり減価償却により費用化される。

II 資産除去債務の認識，測定及び認識後の変動

資産除去債務の認識及び測定方法は，IAS 第 37 号「引当金，偶発負債及び偶発資産」に従い一般の引当金の認識及び測定基準を適用するものとされている。

具体的には，IAS37.14 で下記の要件を全て満たす場合に，引当金（資産除去債務）を認識することとしている。

(a) 企業が過去の事象の結果として現在の債務（法的又は推定的）を有して

いる。

(b) 当該債務を決済するために経済的便益を持つ資源の流出が必要となる可能性が高い。

(c) 当該債務の金額について信頼性のある見積もりができる。

　資産除去債務は，資産を設置したことに起因する債務は，関連する資産を取得した時点で認識し，その後の期間の事業活動に伴い発生する債務は，操業した会計期間において認識する。

　IAS37.36 及び IAS37.37 によると，資産除去債務の測定は，他の引当金同様に，報告期間の末日における現在の債務を決済するための最善の見積もりでなければならず，最善の見積もりとは，報告期間の末日現在で債務を決済するため又は第三者に移転するために企業が合理的に支払う額とされている。

　IAS37.42 によると，資産除去債務は他の引当金同様に，決済の時期又は金額が不確実な負債であるため，測定の際には，リスクと不確実性を考慮する必要がある。

　IAS37.45 によると，資産除去債務のように資産の取得から除去までの期間が長期間に及び，貨幣の時間価値による影響が重要であるため，引当金の測定に際しては，債務の決済に必要と見込まれる支出を現在価値に割り引く必要があり，現在価値を算出するための割引率は，現在の市場価値と負債に固有のリスクを反映した税引前の割引率を使用することとされている。

　ただし，実務上，割引率に負債固有のリスクを反映することは困難であるため，日本における IFRS 実務においても日本基準同様に，リスクはキャッシュ・フローに反映し，割引率はリスクフリーレートを用いる方法を採用している企業がほとんどである。本書の設例においてもリスクはキャッシュ・フローに反映し，割引率はリスクフリーレートを用いる方法を採用する。

　資産除去債務の割引計算を行った場合は，時の経過に応じて割引率を乗じた金額分だけ資産除去債務の金額が毎期増額し，時の経過分は財務費用として認識しなければならない。

　IAS37.59 及び IAS37.60 によると，資産除去債務は，各報告期間の末日現

在で検討し，最善の見積もりを反映するように修正する必要があり，割引率も同様に各報告期間末日現在見直しを行い調整しなければならない。

　資産除去債務が，決済時期，決済金額及び割引率の見積もりにより変動した場合は，IFRIC 第 1 号「廃棄，原状回復及びそれらに類似する既存の負債の変動」に従い，原価モデルの場合は IFRIC1.5 に従い，資産除去債務が増加する場合は有形固定資産の帳簿価額を増加し，資産の減損の検討は，増加した分も含め全体として回収可能性を検討し，必要な場合は減損損失を認識する。一方，資産除去債務が減少する場合は，有形固定資産の帳簿価額を減額し，帳簿価額がゼロになった場合には，控除しきれない金額は当期純利益で認識する。

2 IFRS における資産除去債務の実務上のポイント

　本格的な設例の解説に入る前に，IFRS における資産除去債務の実務上のポイントを整理しておこう。

　資産除去債務の実務上のポイントは下記の 6 ステップを検討することにある。

STEP1　資産除去債務の範囲を認識する

STEP2　将来のキャッシュ・アウトフローを見積もる

STEP3　期末現在の割引率を見積もる

STEP4　割引現在価値を算定する

STEP5　減価償却費及び財務費用を算定する

STEP6　資産除去債務履行時の会計処理をする

3 IFRS と日本基準における資産 除去債務の差異のポイント整理

　本格的な設例の解説に入る前に，実務上の STEP 別に IFRS と日本基準における資産除去債務の差異を整理しておこう。

　資産除去債務においては，日本基準も IFRS と同様の 6 ステップを経るため，STEP にあわせて比較解説を行う。

① STEP1 資産除去債務の範囲を認識する

(1)　IFRS

　IAS37.14 で下記の要件を全て満たす場合に，引当金（資産除去債務）を認識することとしている。

(a)　企業が過去の事象の結果として現在の債務（法的又は推定的）を有している。

(b)　当該債務を決済するために経済的便益を持つ資源の流出が必要となる可能性が高い。

(c)　当該債務の金額について信頼性のある見積もりができる。

　推定的債務とは，下記のような企業活動から生じた債務とされている。

　①確立されている過去の実務慣行，公表されている政策又は極めて明確な最近の文書によって，企業が外部者に対しある責務を受諾することを表明しており，かつ②その結果，企業はこれらの責務を果たすであろうという妥当な期待を外部者の側に起こさせている。

　IAS16.16 によると，特定の期間に棚卸資産を生産する目的で使用した結果として当該期間に発生する資産除去債務は，有形固定資産の取得原価には含めずに IAS 第 2 号棚卸資産を適用する。

第 2 章　資産除去債務　*51*

(2) 日本基準

　資産除去債務に関する会計基準第3項によると，資産除去債務とは，有形固定資産の取得，建設，開発又は通常の使用によって生じ，当該有形固定資産の除去に関して，法令又は契約で要求される法律上の義務及びそれに準ずるものをいい，IFRSでは対象範囲になる推定的債務は対象にならない。

　資産除去債務に関する会計基準第7項及び第8項によると，棚卸資産の製造等，有形固定資産を意図した目的のために正常に稼働させた期間に発生するものも含めて有形固定資産に計上し，IFRSのように棚卸資産の製造により発生する資産除去債務は有形固定資産の取得原価に含めず，棚卸資産の取得原価に含めるのとは異なる。

2 STEP2 将来のキャッシュ・アウトフローを見積もる

(1) IFRS

　IAS37.36及びIAS37.37によると，資産除去債務の測定は，他の引当金同様に，報告期間の末日における現在の債務を決済するための最善の見積もりでなければならず，最善の見積もりとは，報告期間の末日現在で債務を決済するため又は第三者に移転するために企業が合理的に支払う額とされている。

(2) 日本基準

　資産除去債務に関する会計基準第6項によると，有形固定資産の除去に要する割引前の将来キャッシュ・フローの見積もりは，合理的で説明可能な仮定及び予測に基づく自己の支出見積もりにより，生起する可能性の最も高い単一の金額又は生起し得る複数の将来キャッシュ・フローをそれぞれの発生確率で加重平均した金額とされている。

3 STEP3 期末現在の割引率を見積もる

(1) IFRS

　IAS37.47によると，現在価値を算出するための割引率は，現在の市場価値と負債に固有のリスクを反映した税引前の割引率を使用することとされている。

IAS37.59 及び IAS37.60 によると，各報告期間の末日現在で割引率は見直しを行い調整しなければならないとされている。

(2) 日本基準

　資産除去債務に関する会計基準第 6 項によると，割引率は，貨幣の時間価値を反映した無リスクの税引前の利率である。

　資産除去債務に関する会計基準第 11 項によると，割引前将来キャッシュ・フローに重要な見積もりの変更が生じ，当該キャッシュ・フローが増加する場合，その時点の割引率を使用するが，それ以外の場合は，割引率の見直しは行わないため，毎期見直しをする IFRS とは異なる。

4 [STEP4] 割引現在価値を算定する

(1) IFRS

　IAS37.45 によると，資産除去債務のように資産の取得から除去までの期間が長期間に及び，貨幣の時間価値による影響が重要であるため，債務の決済に必要と見込まれる支出を現在価値に割り引く必要がある。

　IAS37.59 及び IAS37.60 によると，資産除去債務は，各報告期間の末日現在で検討し，最善の見積もりを反映するように修正する必要がある。

(2) 日本基準

　資産除去債務に関する会計基準第 6 項によると，資産除去債務は，それが発生した時に有形固定資産の除去に要する割引前の将来キャッシュ・フローを見積もり，割引現在価値を算定する。

　資産除去債務に関する会計基準第 10 項によると，割引前の将来キャッシュ・フローに重要な見積もりの変更が生じた場合の当該見積もりの変更による調整額は，資産除去債務の帳簿価額及び関連する有形固定資産の帳簿価額に加減して処理するが，IFRS のように，各報告期間の末日現在で検討し，最善の見積もりを反映するように修正する必要はない。

第 2 章　資産除去債務　*53*

5 STEP5 減価償却費及び財務費用を算定する

(1) IFRS

資産除去債務額は有形固定資産の取得原価に含められ，耐用年数にわたり減価償却により費用化される。

IFRIC1.8 によると，資産除去債務の割引計算を行った場合は，時の経過に応じて割引率を乗じた金額分だけ資産除去債務の金額が毎期増額し，時の経過分は財務費用として認識しなければならない。

(2) 日本基準

資産除去債務に関する会計基準第13項によると，資産計上された資産除去債務に対応する除去費用に係る費用配分額は，損益計算書上，当該資産除去債務に関連する有形固定資産の減価償却費と同じ区分に含めて計上する。資産除去債務に関する会計基準第14項によると，時の経過による資産除去債務の調整額は，損益計算書上，当該資産除去債務に関連する有形固定資産の減価償却費と同じ区分に含めて計上する。

IFRS が，時の経過分は財務費用として認識するのとは異なる。

6 STEP6 資産除去債務履行時の会計処理をする

(1) IFRS

特に除去時の会計処理の規定はないが，日本基準と同様の会計処理になる。

(2) 日本基準

資産除去債務に関する会計基準第15項によると，資産除去債務の履行時に認識される資産除去債務残高と資産除去債務の決済のために実際に支払われた額との差額は，損益計算書上，原則として，当該資産除去債務に対応する除去費用に係る費用配分額と同じ区分に含めて計上する。

4 IFRS における資産除去債務の設例解説

ポイントとなる 6 つのステップを「図表 2-1-1 資産除去債務ワークシート」に主要論点を落とし込むことにより整理する。

設例の前提条件は下記の通りである。

・福留聡株式会社は 2016 年 4 月 1 日に契約開始で賃借した本社ビルがあり，賃借時に添えつけた電気設備，空調設備等建物附属設備について契約上退去時に原状回復義務があり，退去時の原状回復費用の見積もりは，ビルの管理会社に依頼し，概算の見積もりの依頼を実施したところ負債固有のリスクを反映した見積もり金額は 120,000,000 円であった。

・退去費用は，退去予定の見積もりが困難であるため，本社ビルの建物附属設備の加重平均した残存経済的耐用年数 15 年終了時に退去するものと仮定して割引計算をする。

・割引率には，本社ビルの建物附属設備の加重平均した残存経済的耐用年数 15 年に対応した 2016 年 4 月 1 日時点の 15 年物国債の金利を適用した。

　なお，割引率を 2017 年 3 月 31 日時点の 15 年物国債の金利をもとに見直ししたが，2016 年 4 月 1 日時点から 0.005 ％しか増加しておらず，資産除去債務に与える影響がほとんどないため，割引率の変更はしていない。

本設例の重要なポイントは，下記 2 点に集約される。

① IFRS において，割引率は，現在の市場価値と負債に固有のリスクを反映した税引前の割引率を使用することとされているが，実務上，割引率に負債固有のリスクを反映することは困難であるため，日本における

IFRS 実務においても日本基準同様に，リスクはキャッシュ・フローに
反映し，割引率はリスクフリーレートを用いる方法を採用している。
② IFRS が，時の経過分は財務費用として認識するのに対して，日本基準
では，資産除去債務に関連する有形固定資産の減価償却費と同じ区分に
含めて計上する。
「図表 2-1-1 資産除去債務ワークシート」を参照いただき，6 つのステップ
に従い本設例を解説する。

① ［STEP1］資産除去債務の範囲を認識する

本設例において，契約上退去時に原状回復義務があるため，有形固定資産の
除去に関して，契約で要求される法律上の義務及びそれに準ずるものとして資
産除去債務を認識する必要がある。

② ［STEP2］将来のキャッシュ・アウトフローを見積もる

将来のキャッシュ・アウトフローは，報告期間の末日現在で債務を決済する
ため又は第三者に移転するために企業が合理的に支払う額とされており，本設
例においては，120,000,000 円となる。

③ ［STEP3］期末現在の割引率を見積もる

IFRS において，現在価値を算出するための割引率は，現在の市場価値と負
債に固有のリスクを反映した税引前の割引率を使用することとされており，各
報告期間の末日現在で割引率は見直しを行い調整しなければならないとされて
いる。

実務上，割引率に負債固有のリスクを反映することは困難であるため，本設
例においても日本基準同様に，リスクはキャッシュ・フローに反映し，割引率
はリスクフリーレートを用いる方法を採用している。また，リスクフリーレー
トとして国債金利，ここでは残存経済的耐用年数に対応した 15 年物国債金利
0.086 ％を採用している。

図表 2-1-1　資産除去債務ワークシート

原状回復費用総額	120,000,000
割引現在価値	118,462,599 ①
15 年定額法	15
割引率	0.086%

（単位：円）

期間	経過年数	償却額	償却累計額	帳簿価額
2017 年 3 月期	1 年目	7,897,507 ②	7,897,507 ③	110,565,092
2018 年 3 月期	2 年目	7,897,507	15,795,013	102,667,585
2019 年 3 月期	3 年目	7,897,507	23,692,520	94,770,079
2020 年 3 月期	4 年目	7,897,507	31,590,026	86,872,572
2021 年 3 月期	5 年目	7,897,507	39,487,533	78,975,066
2022 年 3 月期	6 年目	7,897,507	47,385,039	71,077,559
2023 年 3 月期	7 年目	7,897,507	55,282,546	63,180,053
2024 年 3 月期	8 年目	7,897,507	63,180,053	55,282,546
2025 年 3 月期	9 年目	7,897,507	71,077,559	47,385,039
2026 年 3 月期	10 年目	7,897,507	78,975,066	39,487,533
2027 年 3 月期	11 年目	7,897,507	86,872,572	31,590,026
2028 年 3 月期	12 年目	7,897,507	94,770,079	23,692,520
2029 年 3 月期	13 年目	7,897,507	102,667,585	15,795,013
2030 年 3 月期	14 年目	7,897,507	110,565,092	7,897,507
2031 年 3 月期	15 年目	7,897,507	118,462,599	0

期間	経過年数	時の経過分 債務調整	資産除去債務 累計額	将来キャッ シュ・フロー
2017 年 3 月期	1 年目	101,878 ④	118,564,476	0
2018 年 3 月期	2 年目	101,965	118,666,442	0
2019 年 3 月期	3 年目	102,053	118,768,495	0
2020 年 3 月期	4 年目	102,141	118,870,636	0
2021 年 3 月期	5 年目	102,229	118,972,865	0
2022 年 3 月期	6 年目	102,317	119,075,181	0
2023 年 3 月期	7 年目	102,405	119,177,586	0
2024 年 3 月期	8 年目	102,493	119,280,079	0
2025 年 3 月期	9 年目	102,581	119,382,660	0
2026 年 3 月期	10 年目	102,669	119,485,329	0
2027 年 3 月期	11 年目	102,757	119,588,086	0
2028 年 3 月期	12 年目	102,846	119,690,932	0
2029 年 3 月期	13 年目	102,934	119,793,866	0
2030 年 3 月期	14 年目	103,023	119,896,889	0
2031 年 3 月期	15 年目	103,111	120,000,000	120,000,000

第 2 章　資産除去債務　*57*

【資産除去債務当初認識時の会計処理】（単位：千円）

〔1年目の会計処理〕

資産除去債務計上：

(借) 建　　　　　物　118,462,599　①　　　(貸) 資 産 除 去 債 務　118,462,599　①

減価償却費計上：

(借) 減 価 償 却 費　7,897,507　②　　　(貸) 減 価 償 却 累 計 額　7,897,507　③

時の経過分調整額：

(借) 財　務　費　用　101,878　④　　　(貸) 資 産 除 去 債 務　101,878　④

〔2年目の会計処理〕

減価償却費計上：

(借) 減 価 償 却 費　7,897,507　　　(貸) 減 価 償 却 累 計 額　7,897,507

時の経過分調整額：

(借) 財　務　費　用　101,965　　　(貸) 資 産 除 去 債 務　101,965

〔3年目の会計処理〕

減価償却費計上：

(借) 減 価 償 却 費　7,897,507　　　(貸) 減 価 償 却 累 計 額　7,897,507

時の経過分調整額：

(借) 財　務　費　用　102,053　　　(貸) 資 産 除 去 債 務　102,053

〔4年目の会計処理〕

減価償却費計上：

(借) 減 価 償 却 費　7,897,507　　　(貸) 減 価 償 却 累 計 額　7,897,507

時の経過分調整額：

(借) 財　務　費　用　102,141　　　(貸) 資 産 除 去 債 務　102,141

〔5年目の会計処理〕

減価償却費計上：

(借) 減 価 償 却 費　7,897,507　　　(貸) 減 価 償 却 累 計 額　7,897,507

時の経過分調整額：

(借) 財　務　費　用　102,229　　　(貸) 資 産 除 去 債 務　102,229

〔6年目の会計処理〕

減価償却費計上：

(借) 減 価 償 却 費　7,897,507　　　(貸) 減 価 償 却 累 計 額　7,897,507

時の経過分調整額：

(借) 財　務　費　用　102,317　　　(貸) 資 産 除 去 債 務　102,317

〔7年目の会計処理〕

減価償却費計上：

(借) 減 価 償 却 費　7,897,507　　　(貸) 減 価 償 却 累 計 額　7,897,507

時の経過分調整額：

(借) 財　務　費　用　102,405　　　(貸) 資 産 除 去 債 務　102,405

〔8年目の会計処理〕

減価償却費計上：

(借) 減 価 償 却 費　7,897,507　　　(貸) 減 価 償 却 累 計 額　7,897,507

時の経過分調整額：

(借) 財　務　費　用　102,493　　　(貸) 資 産 除 去 債 務　102,493

〔9 年目の会計処理〕

減価償却費計上：

(借) 減 価 償 却 費　　7,897,507　　　　(貸) 減 価 償 却 累 計 額　　7,897,507

時の経過分調整額：

(借) 財 務 費 用　　102,581　　　　(貸) 資 産 除 去 債 務　　102,581

〔10 年目の会計処理〕

減価償却費計上：

(借) 減 価 償 却 費　　7,897,507　　　　(貸) 減 価 償 却 累 計 額　　7,897,507

時の経過分調整額：

(借) 財 務 費 用　　102,669　　　　(貸) 資 産 除 去 債 務　　102,669

〔11 年目の会計処理〕

減価償却費計上：

(借) 減 価 償 却 費　　7,897,507　　　　(貸) 減 価 償 却 累 計 額　　7,897,507

時の経過分調整額：

(借) 財 務 費 用　　102,757　　　　(貸) 資 産 除 去 債 務　　102,757

〔12 年目の会計処理〕

減価償却費計上：

(借) 減 価 償 却 費　　7,897,507　　　　(貸) 減 価 償 却 累 計 額　　7,897,507

時の経過分調整額：

(借) 財 務 費 用　　102,846　　　　(貸) 資 産 除 去 債 務　　102,846

〔13 年目の会計処理〕

減価償却費計上：

(借) 減 価 償 却 費　　7,897,507　　　　(貸) 減 価 償 却 累 計 額　　7,897,507

時の経過分調整額：

(借) 財 務 費 用　　102,934　　　　(貸) 資 産 除 去 債 務　　102,934

〔14 年目の会計処理〕

減価償却費計上：

(借) 減 価 償 却 費　　7,897,507　　　　(貸) 減 価 償 却 累 計 額　　7,897,507

時の経過分調整額：

(借) 財 務 費 用　　103,023　　　　(貸) 資 産 除 去 債 務　　103,023

〔15 年目の会計処理〕

減価償却費計上：

(借) 減 価 償 却 費　　7,897,507　　　　(貸) 減 価 償 却 累 計 額　　7,897,507

時の経過分調整額：

(借) 財 務 費 用　　103,111　　　　(貸) 資 産 除 去 債 務　　103,111

【資産除去債務履行時の会計処理】（単位：千円）

資産除去債務の履行：

(借) 資 産 除 去 債 務　　120,000,000　　　　(貸) 現 金 及 び 預 金　　125,000,000

　　　除 去 費 用　　5,000,000

国債の金利は財務省ホームページの金利情報（http://www.mof.go.jp/jgbs/reference/interest_rate/）で過去の金利情報も含め入手できる。

なお，IFRS では，各報告期間の末日現在で割引率は見直しを行い調整しなければならないが，日本企業における IFRS 実務では，割引率として採用したレートの前期末からの増減幅や前期末の割引率で算定した資産除去債務額と，当期末の割引率で算定した資産除去債務額の変動額等一定金額の重要性基準を設けた上で，割引率の変更をするとして運用している企業が多い。

本設例においても，前提条件の通り，割引率を 2017 年 3 月 31 日時点の15 年物国債の金利をもとに見直ししたが，2016 年 4 月 1 日時点から 0.005 ％しか増加していないため，資産除去債務に与える影響がほとんどないため，割引率の変更はしていないとしている。

④ STEP4 割引現在価値を算定する

割引現在価値は，STEP2 で将来のキャッシュ・アウトフローを見積もり，STEP3 期末現在の割引率を見積もることで算定できる。

本設例において，残存経済的耐用年数後の 15 年後のみ 120,000,000 円の原状回復費用が発生し，割引率を 0.086 ％としているため，割引現在価値は，NPV（割引率 0.086 ％，1 年目～15 年目のキャッシュ・フローを範囲指定）計算式を Excel に入れることで割引現在価値 118,462,599 円が算定できる。

したがって，資産除去債務の当初認識時の仕訳は下記の通りになる。

【資産除去債務当初認識時の会計処理】

資産除去債務計上：

（借）建　　　　物　118,462,599 ①　　　（貸）資産除去債務　118,462,599 ①

⑤ STEP5 減価償却費及び財務費用を算定する

資産除去債務額は有形固定資産の取得原価に含められ，耐用年数にわたり減価償却により費用化されるが，IFRS においては，減価償却方法は通常定額法で行われるため，本設例においても残存経済的耐用年数 15 年の定額法で資産

取得時の資産除去債務の割引現在価値 118,462,599 円を減価償却している。

　毎期の減価償却は 7,897,507 円になる。

　なお，本設例においては，資産除去債務分のみを取り扱っているが，資産除去債務以外の取得原価も当然に減価償却される。

　資産除去債務の割引計算を行った場合は，時の経過に応じて割引率を乗じた金額分だけ資産除去債務の金額が毎期増額し，時の経過分は財務費用として認識するが，具体的には，毎期資産除去債務残高に割引率を乗じて財務費用を認識する。

　本設例の場合，1 年目の財務費用は資産除去債務残高 118,462,599 円×割引率 0.086 ％で 101,878 円になる。

　1 年目～15 年目の減価償却費及び財務費用の仕訳は下記の通りである。

【資産除去債務当初認識時の会計処理】（単位：千円）

〔1 年目の会計処理〕

資産除去債務計上：

（借）建　　　　物　118,462,599 ①　　　　（貸）資産除去債務　118,462,599 ①

減価償却費計上：

（借）減 価 償 却 費　7,897,507 ②　　　　（貸）減価償却累計額　7,897,507 ③

時の経過分調整額：

（借）財 務 費 用　　101,878 ④　　　　（貸）資 産 除 去 債 務　　101,878 ④

〔2 年目の会計処理〕

減価償却費計上：

（借）減 価 償 却 費　7,897,507　　　　（貸）減価償却累計額　7,897,507

時の経過分調整額：

（借）財 務 費 用　　101,965　　　　（貸）資 産 除 去 債 務　　101,965

〔3 年目の会計処理〕

減価償却費計上：

（借）減 価 償 却 費　7,897,507　　　　（貸）減価償却累計額　7,897,507

時の経過分調整額：

（借）財 務 費 用　102,053　（貸）資産除去債務　102,053

［4年目の会計処理］

減価償却費計上：

（借）減 価 償 却 費　7,897,507　（貸）減価償却累計額　7,897,507

時の経過分調整額：

（借）財 務 費 用　102,141　（貸）資産除去債務　102,141

［5年目の会計処理］

減価償却費計上：

（借）減 価 償 却 費　7,897,507　（貸）減価償却累計額　7,897,507

時の経過分調整額：

（借）財 務 費 用　102,229　（貸）資産除去債務　102,229

［6年目の会計処理］

減価償却費計上：

（借）減 価 償 却 費　7,897,507　（貸）減価償却累計額　7,897,507

時の経過分調整額：

（借）財 務 費 用　102,317　（貸）資産除去債務　102,317

［7年目の会計処理］

減価償却費計上：

（借）減 価 償 却 費　7,897,507　（貸）減価償却累計額　7,897,507

時の経過分調整額：

（借）財 務 費 用　102,405　（貸）資産除去債務　102,405

［8年目の会計処理］

減価償却費計上：

（借）減 価 償 却 費　7,897,507　（貸）減価償却累計額　7,897,507

時の経過分調整額：

（借）財 務 費 用　102,493　（貸）資産除去債務　102,493

［9年目の会計処理］

減価償却費計上：

（借）減 価 償 却 費　　7,897,507　　（貸）減価償却累計額　　7,897,507

時の経過分調整額：

（借）財 務 費 用　　102,581　　（貸）資 産 除 去 債 務　　102,581

［10年目の会計処理］

減価償却費計上：

（借）減 価 償 却 費　　7,897,507　　（貸）減価償却累計額　　7,897,507

時の経過分調整額：

（借）財 務 費 用　　102,669　　（貸）資 産 除 去 債 務　　102,669

［11年目の会計処理］

減価償却費計上：

（借）減 価 償 却 費　　7,897,507　　（貸）減価償却累計額　　7,897,507

時の経過分調整額：

（借）財 務 費 用　　102,757　　（貸）資 産 除 去 債 務　　102,757

［12年目の会計処理］

減価償却費計上：

（借）減 価 償 却 費　　7,897,507　　（貸）減価償却累計額　　7,897,507

時の経過分調整額：

（借）財 務 費 用　　102,846　　（貸）資 産 除 去 債 務　　102,846

［13年目の会計処理］

減価償却費計上：

（借）減 価 償 却 費　　7,897,507　　（貸）減価償却累計額　　7,897,507

時の経過分調整額：

（借）財 務 費 用　　102,934　　（貸）資 産 除 去 債 務 務　　102,934

［14年目の会計処理］

減価償却費計上：

（借）減 価 償 却 費　　7,897,507　　（貸）減価償却累計額　　7,897,507

時の経過分調整額：

（借）財　務　費　用　　　103,023　　（貸）資産除去債務　　　103,023

［15年目の会計処理］

減価償却費計上：

（借）減 価 償 却 費　　　7,897,507　　（貸）減価償却累計額　　7,897,507

時の経過分調整額：

（借）財　務　費　用　　　103,111　　（貸）資産除去債務　　　103,111

6　STEP6 資産除去債務履行時の会計処理をする

　資産除去債務の履行時に認識される資産除去債務残高と，資産除去債務の決済のために実際に支払われた額との差額は，損益計算書上，原則として，当該資産除去債務に対応する除去費用に係る費用配分額と同じ区分に含めて計上するが，本設例において，資産除去債務の履行時に認識される資産除去債務残高120,000,000円，資産除去債務の決済のために実際に支払われた額125,000,000円との差額5,000,000円は除去費用として処理される。したがって，資産除去債務履行時の仕訳は下記の通りになる。

【資産除去債務履行時の会計処理】（単位：千円）

資産除去債務の履行：

（借）資 産 除 去 債 務　120,000,000　　（貸）現 金 及 び 預 金　125,000,000

　　　除　去　費　用　　　5,000,000

第 **3** 章

有給休暇引当金

1 有給休暇引当金の関連基準の整理

　有給休暇引当金は，日本では，該当する基準がないため計上されていない引当金であり，IFRS では，IAS 第 19 号従業員給付をもとに計上する。

　IAS19.11 によると，会計期間中に従業員が企業に勤務を提供したときは，企業は当該勤務と交換に支払うと見込まれる短期従業員給付の割り引かない金額を，下記の通り認識しなければならないとされている。

　すなわち，既に支払った金額を控除した後の金額を負債として認識する。すでに支払った金額が給付の割り引かない金額を超過する場合には，当該前払額が例えば将来支払額の減少又は現金の返還をもたらす範囲で，企業は当該超過額を資産として認識しなければならないとされている。

　IAS19.13 によると，累積型有給休暇の場合には，将来の有給休暇の権利を増加させる勤務を従業員が提供した時に短期従業員給付の予想コストを認識しなければならない。

　一方，非累積型有給休暇の場合には，休暇が発生した時に短期従業員給付の予想コストを認識しなければならない。

　なお，IAS19.15 によると，権利が確定しない累積型有給休暇の場合は，従業員が権利を使用する前に離職する可能性を，当該債務の測定に影響させる必要がある。

　IAS19.16 によると，企業は，累積型有給休暇の予想コスト及び債務を，報告期間の末日現在で累積されている未使用の権利の結果により企業が支払うと見込まれる追加金額として，測定しなければならないとされている。しかし，基準上は，この追加金額の考え方に明確な定めがないため，実務上，「IFRS 任意適用に関する実務対応参考事例」によると，先入先出法，後入先出法，先入先出法に翌期首付与分を含める 3 つのアプローチが採用されている。

なお，「IFRS 任意適用に関する実務対応参考事例」によると，IFRS を適用した日本企業の有給休暇制度は労働基準法に従い当期の未使用分の権利について，1 年間の繰り越しが可能であり，退職時に未使用分の権利についての買取制度がなく，繰り越された有給休暇は，従業員によって使用されるか，失効するかのいずれかとなる。

I　先入先出法アプローチ

　「IFRS 任意適用に関する実務対応参考事例」によると，先入先出法アプローチは，当期末未消化で繰り越された有給休暇日数のうち，翌期に消化が見込まれる日数分の債務を追加金額として計上するアプローチである。
　「IFRS 任意適用に関する実務対応参考事例」による設例では，有給休暇日数の期首残高が 10 日，当期付与 20 日で当期 7 日のみ消化された場合は，期首残高の 7 日を消化し，3 日分は当期失効し，当期付与された 20 日分が当期そのまま残り，翌期に 14 日分の消化が見込まれるとすると，先入先出法アプローチでは，14 日分の債務を追加金額として有給休暇引当金を計上することになる。

II　後入先出法アプローチ

　IFRS 任意適用に関する実務対応参考事例によると，後入先出法アプローチは，当期に付与された範囲内で消化する限り，企業が当期の従業員の勤務の対価として負った当期に履行すべき義務の範囲内であり，「追加金額」は発生せず，翌期に繰り越された年次有給休暇のうち，翌期に翌期付与有給休暇日数を超えて消化が見込まれる日数分の債務を追加金額として計上するアプローチである。
　「IFRS 任意適用に関する実務対応参考事例」による設例では，有給休暇日数の当期繰越分が 10 日，翌期付与 20 日で翌期に 14 日の消化が見込まれるとすると，翌期付与有給休暇日数 20 日以内の 14 日で消化が見込まれるため，

有給休暇引当金の計上は不要となる。

　一方，当期繰越分が 10 日，翌期付与 20 日で翌期に 24 日の消化が見込まれるとすると，翌期に翌期付与有給休暇日数 20 日を超えて消化が見込まれる日数の 4 日分の債務を追加金額として有給休暇引当金を計上する。

Ⅲ　先入先出法に翌期首付与分を含めるアプローチ

　「IFRS 任意適用に関する実務対応参考事例」によると，先入先出法アプローチの有給休暇繰越分のうち翌期消化見込み分に加え，翌期首付与分の有給休暇のうち消化が見込まれる分についても，当期の勤務に伴って発生したものと考え，引当計上するアプローチである。

　有給休暇日数の期首残高が 10 日，当期付与 20 日で当期 7 日のみ消化された場合は，先入先出法のため，期首残高の 7 日を消化し，3 日分は当期失効し，当期付与された 20 日分がそのまま残り，また，翌期首に 20 日が付与され，14 日分の消化が見込まれるとすると，翌期消化見込み分 14 日に加え，翌期首付与分の有給休暇のうち消化が見込まれる分 14 日の合計 28 日について有給休暇引当金を計上する。

　上記から，有給休暇引当金は，先入先出法に翌期首付与分を含めるアプローチ，先入先出法アプローチ，後入先出法アプローチの順に計上額が多くなるが，「IFRS 任意適用に関する実務対応参考事例」によると，調査対象会社のうち，先入先出法アプローチを採用した会社が 2 社，後入先出法アプローチを採用した会社が 5 社，先入先出法に翌期首付与分を含めるアプローチを採用した会社が 3 社となっており，有給休暇引当金が最も小さい金額で計上される後入先出法アプローチを採用している会社が多いのが分かる。

　「IFRS 任意適用に関する実務対応参考事例」によると，職位（管理職，非管理職等）ごとに就業規則が異なる企業では，引当計上対象とする従業員を限定する場合や金額の重要性が乏しく，最終的に引当計上しない例がある点にも

留意されたい。

　本書では，3つのアプローチ全てを設例により解説することにする。

第3章　有給休暇引当金　*69*

2 IFRSにおける有給休暇引当金の 実務上のポイント

IFRSにおける有給休暇引当金の計上方法には，先入先出法，後入先出法，先入先出法に翌期首付与分を含める3つのアプローチがあるため，アプローチごとに実務上のポイントを整理する。

I 先入先出法アプローチ

先入先出法アプローチによる有給休暇引当金の実務上のポイントは下記の5つのステップを検討することにある。

STEP1 有給休暇引当金の引当対象となる人員を把握する

STEP2 過去の実績に基づき追加で付与した有給休暇日数を把握する

STEP3 有給休暇の過去の実績値に基づく将来の予想有給休暇消化率を見積もる

STEP4 予想昇給率を加味した日額給与を算定する

STEP5 各人別に「有給休暇引当金＝有給休暇残日数×将来の予想有給休暇消化率×日額給与」で算出し，集計する

II 後入先出法アプローチ

後入先出法アプローチによる有給休暇引当金の実務上のポイントは下記の4つのステップを検討することにある。

STEP1 有給休暇引当金の引当対象となる人員を把握する

STEP2 有給休暇の過去の実績値に基づき追加で付与した有給休暇日数を見積もる

STEP3　予想昇給率を加味した日額給与を算定する

STEP4　各人別に「有給休暇引当金＝追加で付与した有給休暇日数×日額給与」で算出し，集計する

Ⅲ　先入先出法に翌期首付与分を含めるアプローチ

先入先出法に翌期首付与分を含めるアプローチによる有給休暇引当金の実務上のポイントは，先入先出法アプローチ同様に下記の5つのステップを検討することにある。

STEP1　有給休暇引当金の引当対象となる人員を把握する

STEP2　過去の実績に基づき追加で付与した有給休暇日数を把握する

STEP3　有給休暇の過去の実績値に基づく将来の予想有給休暇消化率を見積もる

STEP4　予想昇給率を加味した日額給与を算定する

STEP5　各人別に「有給休暇引当金＝有給休暇残日数×将来の予想有給休暇消化率×日額給与」で算出し，集計する

先入先出法に翌期首付与分を含めるアプローチでは，先入先出法アプローチの有給休暇繰越分のうち翌期消化見込み分に加え，翌期首付与分の有給休暇のうち消化が見込まれる分についても，当期の勤務に伴って発生したものと考え，引当計上する方法であるため，実務上のステップは先入先出法アプローチと同様になることが分かる。

3 IFRS における有給休暇引当金の設例解説

先入先出法，後入先出法，先入先出法に翌期首付与分を含める 3 つのアプローチの設例解説を行う。

I 先入先出法アプローチ

設例の前提は下記の通りである。

・毎年有給休暇を 20 日付与し，有給休暇は 20 日を上限に繰越可。新規付与日数（20 日）と合わせて最大 40 日まで累積可能である。
・有給休暇の買い取り制度はなし。
・有給休暇時の賃金は，所定労働時間労働した場合と同様の賃金を支給するものとする。
・簡便化のため，従業員は A，B のみとし，A は若手従業員とする。『日給月給制』となっており，欠勤時に本給及び職責給が減額されるため，休暇に対する明確な対価性が存在する。一方，B には，年俸制又は月俸制を採用し，欠勤時も給与は減額されないため，休暇に対する明確な対価性が存在しない。
・当期末（2017 年 3 月期）未消化で繰り越された有給休暇日数のうち，翌期に消化が見込まれる日数を個人別に見積もる。
・翌期に消化が見込まれる日数は，過去 3 年間（2014 年 3 月期～2016 年 3 月期）の消化率を単純平均してそれに有給休暇残日数を乗じて見積もるものとする。
・当期末（2017 年 3 月期）未消化で繰り越された有給休暇日数は 20 日

72

とする。

- ・過去の有給休暇消化率は，2014年3月期80％，2015年3月期75％，2016年3月期100％とする。
- ・日額給与は年間給与を年間就業日数で除して日額を算出し，そのうえで予想昇給率を加味して算定する。従業員Aの年間給与は6,000,000円，年間就業日数は300日，翌期の昇給率は5％とする。

ポイントとなる5つのステップを「図表3-1-1　有給休暇引当金ワークシート（①先入先出法アプローチ）」に落とし込み整理するため，下記ワークシートを参照されたい。

図表3-1-1　有給休暇引当金ワークシート（①先入先出法アプローチ）

社員番号			社員氏名	
1			A	
年間給与	年間就業日数		昇給率	日額給与 ③
6,000,000 円	300 日		5%	21,000 円
繰越有給休暇日数 ①	2014年3月期有給休暇消化率	2015年3月期有給休暇消化率	2016年3月期有給休暇消化率	過去3年間平均有給休暇消化率 ②
20 日	80.00%	75.00%	100.00%	85.00%
2017年3月期有給休暇引当金計上額＝①×②×③				
357,000 円				

【有給休暇引当金計上の仕訳】（単位：円）
（借）有給休暇引当金繰入額　357,000　（貸）有給休暇引当金　357,000

① STEP1 有給休暇引当金の引当対象となる人員を把握する

設例の前提条件に記載の通り，休暇に対する明確な対価性が存在する従業員Aのみが有給休暇引当金の計上対象になる。

第3章　有給休暇引当金　73

② STEP2 **有給休暇残日数を把握する**

設例の前提条件に記載の通り，当期末（2017年3月期）未消化で繰り越された有給休暇日数は20日となる。

③ STEP3 **有給休暇の過去の実績値に基づく将来の予想有給休暇消化率を見積もる**

設例の前提条件に記載の通り，過去3年間（2014年3月期〜2016年3月期）の消化率を単純平均した消化率を将来の予想有給休暇消化率とするため，2014年3月期80％，2015年3月期75％，2016年3月期100％を平均した85％が2017年3月期の予想有給休暇消化率となる。

なお，過去の有給休暇消化率は，未消化で繰り越された有給休暇日数のうち，翌期に消化された日数となるため，2016年3月期100％とは，2016年3月31日に未消化で繰り越された有給休暇日数の全てが2017年3月期に消化されたことを意味している。

④ STEP4 **予想昇給率を加味した日額給与を算定する**

日額給与は，年間給与を年間就業日数で除して日額を算出し，その上で予想昇給率を加味して算定する。
従業員Aの日額給与＝従業員Aの年間給与6,000,000円÷年間就業日数300日×（1＋翌期の昇給率5％）＝21,000円
となる。

⑤ STEP5 **各人別に「有給休暇引当金＝有給休暇残日数×将来の予想有給休暇消化率×日額給与」で算出し，集計する**

本設例では，従業員Aのみが有給休暇引当金の計上対象となるため，
有給休暇引当金＝有給休暇残日数（20日）×将来の予想有給休暇消化率（85％）×日額給与（21,000円）＝357,000円となる。

有給休暇引当金計上の仕訳は下記の通りになる。

74

【有給休暇引当金計上の仕訳】（単位：円）

（借）有給休暇引当金繰入額 　　357,000 　　（貸）有給休暇引当金 　　357,000

Ⅱ　後入先出法アプローチ

設例の前提は下記の通りである。

- ・年次有給休暇日数は 20 日間で取得しなかった残余の休暇日数については，20 日間を限度として翌年に限り繰り越すことができる。
- ・当期付与分の 20 日間に見合う対価は当期の給与に含まれている認識のもと，20 日間を超えて使用される有給休暇日数を「追加で付与した休暇」として，これに見合う対価を引当金額とする。
- ・簡便化のため，従業員 A，従業員 B のみが在籍しているものとする。
- ・翌事業年度の有給休暇の取得日数を予測する必要があるが，算定する際の実務上の負担を考慮し，過去 3 年間における実績をベースに有給休暇引当金を認識する。
- ・従業員 A の過去の 3 年間の 20 日間を超えて使用された有給休暇日数は，2015 年 3 月期が 4 日，2016 年 3 月期 2 日，2017 年 3 月期 3 日とする。
- ・従業員 B は過去 3 年間において 20 日間を超えて使用された有給休暇日数はないものとする。
- ・有給休暇の買い取り制度はなし。
- ・日額給与は年間給与を年間就業日数で除して日額を算出し，そのうえで予想昇給率を加味して算定する。従業員 A の年間給与は 6,000,000 円，年間就業日数は 300 日，翌期の昇給率は 5 ％とする。

ポイントとなる 4 つのステップを「図表 3-2-1　有給休暇引当金ワークシート（②後入先出法アプローチ）」に落とし込み整理するため，下記ワークシートを参照されたい。

第 3 章　有給休暇引当金　　*75*

図表 3-2-1　有給休暇引当金ワークシート（②後入先出法アプローチ）

社員番号		社員氏名	
1		A	
年間給与	年間就業日数	昇給率	日額給与 ②
6,000,000 円	300 日	5%	21,000 円
2015 年 3 月期追加で付与した有給休暇日数	2016 年 3 月期追加で付与した有給休暇日数	2017 年 3 月期追加で付与した有給休暇日数	過去 3 年間平均追加で付与した有給休暇日数 ①
4 日	2 日	3 日	3 日
2017 年 3 月期有給休暇引当金計上額＝①×②			
63,000 円			

【有給休暇引当金計上の仕訳】（単位：円）
（借）有給休暇引当金繰入額　63,000　　（貸）有 給 休 暇 引 当 金　63,000

1　STEP1 有給休暇引当金の引当対象となる人員を把握する

　設例の前提条件に記載の通り，20 日間を超えて使用される有給休暇日数を
「追加で付与した休暇」がない従業員 B は有給休暇引当金の計上が不要であり，
従業員 A のみが引当金設定対象となる。

2　STEP2 有給休暇の過去の実績値に基づき追加で付与した有給休暇日数を見積もる

　設例の前提条件に記載の通り，従業員 A の過去の 3 年間の 20 日間を超え
て使用された有給休暇日数は，2015 年 3 月期が 4 日，2016 年 3 月期 2 日，
2017 年 3 月期 3 日となるため，3 年間の平均は 3 年間の合計 9 日（＝4 日＋
2 日＋3 日）÷3 年＝3 日となり，2017 年 3 月期において，翌期に予想される
「追加で付与した休暇」は 3 日とする。

　なお，当期付与分の 20 日間に見合う対価は当期の給与に含まれている認識
のもと，20 日間を超えて使用される有給休暇日数を「追加で付与した休暇」
として把握する。それゆえ，2017 年 3 月期の「追加で付与した休暇」が 3 日

であるとは，2017 年 3 月期に 20 日間有給休暇が付与されたが，23 日分有給休暇が消化されたことを意味する。

③ [STEP3] 予想昇給率を加味した日額給与を算定する

日額給与は，年間給与を年間就業日数で除して日額を算出し，そのうえで予想昇給率を加味して算定する。

従業員 A の日額給与＝従業員 A の年間給与 6,000,000 円÷年間就業日数 300 日×(1＋翌期の昇給率 5 ％)＝21,000 円となる。

④ [STEP4] 各人別に有給休暇引当金＝追加で付与した有給休暇日数×日額給与で算出し，集計する

本設例では，従業員 A のみが有給休暇引当金の計上対象となるため，

有給休暇引当金＝追加で付与した有給休暇日数 (3 日)×日額給与 (21,000 円)＝63,000 円となる。

有給休暇引当金計上の仕訳は下記の通りになる。

【有給休暇引当金計上の仕訳】(単位：円)

(借) 有給休暇引当金繰入額　　　63,000　　　(貸) 有給休暇引当金　　　　63,000

Ⅲ　先入先出法に翌期首付与分を含めるアプローチ

設例の前提は下記の通りである。

- ・毎年有給休暇を 20 日付与し，有給休暇は 20 日を上限に繰り越し可。新規付与日数 (20 日) と合わせて最大 40 日まで累積可能である。
- ・有給休暇の買い取り制度はなし。
- ・有給休暇時の賃金は，所定労働時間労働した場合と同様の賃金を支給するものとする。
- ・簡便化のため，従業員は A，B のみとし，A は若手従業員であり，『日

給月給制』となっており，欠勤時に本給及び職責給が減額されるため，休暇に対する明確な対価性が存在する，一方，Bには，年俸制又は月俸制を採用し，欠勤時も給与は減額されないため，休暇に対する明確な対価性が存在しない。

・当期末（2017年3月期）未消化で繰り越された有給休暇日数のうち，翌期に消化が見込まれる日数と翌期首に付与される有給休暇日数のうち消化が見込まれる日数を個人別に見積もる。

・翌期に消化が見込まれる日数は，過去3年間（2014年3月期～2016年3月期）の消化率を単純平均してそれに有給休暇残日数を乗じて見積もるものとする。

・当期末（2017年3月期）未消化で繰り越された有給休暇日数は20日，翌期首に付与される有給休暇日数も20日とする。すなわち2017年3月期期末時点で未使用の有給休暇の総日数は翌期首分も含め40日となる。

・過去の有給休暇消化率は，2014年3月期80％，2015年3月期75％，2016年3月期100％とする。

・日額給与は年間給与を年間就業日数で除して日額を算出し，そのうえで予想昇給率を加味して算定する。従業員Aの年間給与は6,000,000円，年間就業日数は300日，翌期の昇給率は5％とする。

　ポイントとなる5つのステップを「図表3-3-1　有給休暇引当金ワークシート（③先入先出法に翌期首付与分を含めるアプローチ）」に落とし込み整理するため，下記ワークシートを参照されたい。

図表3-3-1　有給休暇引当金ワークシート（③先入先出法に翌期首付与分を含めるアプローチ）

社員番号		社員氏名	
1		A	
年間給与	年間就業日数	昇給率	日額給与 ③
6,000,000 円	300 日	5%	21,000 円
繰越有給休暇日数（a）	翌期首に付与される有給休暇日数（b）	未使用有給休暇総日数 ① （=(a)′＋(b)′）	
20 日	20 日	40 日	
2014 年 3 月期 有給休暇消化率	2015 年 3 月期 有給休暇消化率	2016 年 3 月期 有給休暇消化率	過去 3 年間平均 有給休暇消化率 ②
80.00%	75.00%	100.00%	85.00%
2017 年 3 月期有給休暇引当金計上額＝①×②×③			
714,000 円			

【有給休暇引当金計上の仕訳】（単位：円）
（借）有給休暇引当金繰入額　714,000　（貸）有 給 休 暇 引 当 金　714,000

1　STEP1 有給休暇引当金の引当対象となる人員を把握する

　設例の前提条件に記載の通り，休暇に対する明確な対価性が存在する従業員 A のみが有給休暇引当金の計上対象になる。

2　STEP2 有給休暇残日数を把握する

　設例の前提条件に記載の通り，当期末（2017 年 3 月期）未消化で繰り越された有給休暇日数のうち，翌期に消化が見込まれる日数に加え翌期首に付与される有給休暇日数のうち消化が見込まれる日数を個人別に見積もるため，当期末（2017 年 3 月期）未消化で繰り越された有給休暇日数は 20 日，翌期首に付与される有給休暇日数 20 日を合計した 40 日が 2017 年 3 月期期末時点で未使用の有給休暇の総日数となる。

第 3 章　有給休暇引当金　　79

③ STEP3 有給休暇の過去の実績値に基づく将来の予想有給休暇消化率を見積もる

設例の前提条件に記載の通り，過去3年間（2014年3月期～2016年3月期）の消化率を単純平均した消化率を将来の予想有給休暇消化率とするため，2014年3月期80%，2015年3月期75%，2016年3月期100%を平均した85%が2017年3月期の予想有給休暇消化率となる。

④ STEP4 予想昇給率を加味した日額給与を算定する

日額給与は，年間給与を年間就業日数で除して日額を算出し，そのうえで予想昇給率を加味して算定する。

従業員Aの日額給与＝従業員Aの年間給与6,000,000円÷年間就業日数300日×（1＋翌期の昇給率5%）＝21,000円となる。

⑤ STEP5 各人別に有給休暇引当金＝有給休暇残日数×将来の予想有給休暇消化率×日額給与で算出し，集計する

本設例では，従業員Aのみが有給休暇引当金の計上対象となるため，有給休暇引当金＝有給休暇残日数（40日）×将来の予想有給休暇消化率（85%）×日額給与（21,000円）＝714,000円となる。

有給休暇引当金計上の仕訳は下記の通りになる。

【有給休暇引当金計上の仕訳】（単位：円）

（借）有給休暇引当金繰入額　　714,000　　（貸）有給休暇引当金　　714,000

3つのアプローチに基づく設例で見てきた通り，有給休暇引当金の計上額は，先入先出法に翌期首付与分を含めるアプローチ，先入先出法アプローチ，後入先出法アプローチの順に大きくなることが分かる。

第4章

退職後給付

1 退職後給付の関連基準の整理

　IAS19.8 によると，退職後給付とは，雇用関係終了後に支払われる従業員給付（短期従業員給付及び解雇給付は除く）であり，退職後給付制度は大きく分けて確定拠出制度と確定給付制度からなる。

　IFRS では，確定拠出制度を定義し，確定拠出制度にあてはまらない退職後給付制度を確定給付制度としている。

　IAS19.7 によると，確定拠出制度は，退職後給付制度のうち，企業が一定の掛金を別個の事業体に支払い，たとえ基金が従業員の当期及び過去の勤務に関連する全ての従業員給付を支払うために十分な資産を保有しない場合でも，企業がさらに掛金を支払うべき法的債務又は推定的債務を有しないものをいうとされている。

　確定給付制度は，確定拠出制度以外の全ての退職後給付制度のことをいい，数理計算上のリスク及び投資リスクは，実質的に企業が負担することになる（IAS19.27）。

　IAS19.51 (a)によると，確定拠出制度においては，従業員の勤務と交換に基金に拠出すべき金額を費用として認識し，既に支払った掛金と報告期間の末日前の勤務に対する掛金との差額を資産又は負債として認識する。

　確定拠出制度の基金への掛金拠出額は，原則として当期純利益で認識するが，他の IFRS 基準書等に従い，棚卸資産や有形固定資産の取得原価に認識される場合もある。

　なお，確定拠出制度においても，期末から 12ヶ月以内に関連する掛金の拠出が支払われない場合には，当該債務を報告日時点の優良社債の利回りを参照に割引率を決定し，割引現在価値を算定する必要がある。

　IAS19.57 によると，確定給付制度の会計処理は下記の手順を踏むものとさ

れている。

(a) (i) 数理計算上の技法を使用して，当期及び過去の期間の勤務の対価と
して従業員が稼得した給付の信頼性のある見積額を求める。これには，
企業が，いくらの給付を当期及び過去の期間に帰属させるかを決定し，
給付費用に影響する人口統計上の変数（雇用中及び退職後の死亡率，
従業員の離職，身体障害及び早期退職の比率，受給資格を得るであろ
う被扶養者を有する制度加入者の比率等），並びに財務上の変数（割
引率，将来の給与及び給付水準，制度資産に係る期待収益率等）につ
いての見積もりを行うことを要する。

(ii) 確定給付制度債務の現在価値及び当期勤務費用を算定するために，
予測単位積増方式を使用して給付を割り引く。

(iii) 制度資産があれば，その公正価値を算定する。

(b) (a)で算定した積立不足又は積立超過の金額に，確定給付資産の純額を資
産上限額に制限することによる影響を調整して，確定給付負債（資産）
の純額を算定する。

(c) 純損益に認識すべき金額を算定する。

(i) 当期勤務費用

(ii) 過去勤務費用及び清算損益

(iii) 確定給付負債（資産）の純額に係る利息の純額

(d) その他の包括利益に認識すべき，確定給付負債（資産）の純額の再測定
を算定する。

(i) 数理計算上の差異

(ii) 制度資産に係る収益（確定給付負債（資産）の純額に係る利息純額に
含められる金額を除く）

(iii) 資産上限額の影響（確定給付負債（資産）の純額にかかわる利息純額
に含められる金額を除く）

企業が複数の確定給付制度を有する場合には，当該企業は，これらの手続を
個々の重要な制度について個別に適用する。

第4章　退職後給付　　*83*

上記の通り，確定拠出制度の会計処理は実務上難解でないため，本書では，確定給付制度を中心に解説する。

2 IFRSにおける確定給付制度の 退職後給付の実務上のポイント

先述した通り，本書では，確定給付制度の退職後給付を中心に解説する。

本格的な設例の解説に入る前に，IFRSにおける退職後給付の実務上のポイントを整理しておこう。

確定給付制度の退職後給付の実務上のポイントは，下記の5ステップを検討することにある。

[STEP1] 確定給付制度債務の現在価値を算定する

[STEP2] 制度資産の公正価値を算定する

[STEP3] 確定給付制度債務の現在価値と制度資産の公正価値の差額として積立不足又は積立超過額を資産上限額に制限することによる影響を調整して確定給付負債（資産）の純額を算定する

[STEP4] 純損益に認識すべき金額を算定する

[STEP5] その他の包括利益に認識すべき，確定給付負債（資産）の純額の再測定を算定する

第4章　退職後給付　　*85*

3 IFRSと日本基準における確定給付制度の退職後給付の差異のポイント整理

　本格的な設例の解説に入る前に，実務上のSTEP別にIFRSと日本基準における確定給付制度の退職後給付の差異を整理しておこう。

　日本基準では，確定給付制度の退職後給付の実務上のポイントは下記の5つのステップを検討することにある。

STEP1　確定給付制度債務の現在価値を算定する

STEP2　制度資産の公正価値を算定する

STEP3　確定給付制度債務の現在価値と制度資産の公正価値の差額として積立不足又は積立超過額である退職給付に係る負債（資産）を算定する

STEP4　純損益に認識すべき金額を算定する

STEP4　その他の包括利益に認識すべき，確定給付負債（資産）の純額の再測定を算定する

　2 で記載したIFRSの実務上のSTEPと日本基準の実務上のSTEPを比較してみると，日本基準では，STEP3 のところで資産上限額の概念がないのが特徴である。

　それ以外にもIFRSと日本基準では，STEPごとに多くの差異があるため，IFRSと日本基準を対比させる形式で比較解説を行う。

1　STEP1 確定給付制度債務の現在価値を算定する

(1)　IFRS

　IAS66によると，退職後給付債務の現在価値及び関連する当期勤務費用を測定するために，(a)数理計算上の評価方法を適用し，(b)給付を勤務期間に帰属

させ，(c)数理計算上の仮定を設定することが必要になる。

(a)　数理計算上の評価方法

企業は，予測単位積増方式を用いて，その確定給付制度債務の現在価値及び関連する当期勤務費用並びに過去勤務費用を算定しなければならない（IAS19.67）。

予測単位積増方式は，各勤務期間を，給付の追加的な1単位に対する権利を生じさせるものとみなし，最終的な債務を積み上げるために各単位を別個に測定する（IAS19.68）。

(b)　給付の勤務期間への帰属

企業は，制度の給付算定式に基づいて勤務期間に給付を帰属させなければならない（IAS19.70）。

しかし，後期の年度における従業員の勤務が，初期の年度より著しく高い水準の給付を生じさせる場合には，従業員による勤務が，制度の下での給付を最初に生じさせた日から従業員によるそれ以降の勤務が，それ以降の昇給を除けば，制度の下での重要な追加の給付を生じさせなくなる日まで給付を定額法により次の期間に帰属させなければならないとされている（IAS19.70）。

(c)　数理計算上の仮定

数理計算上の仮定は，退職後給付を支給する最終的なコストを算定する変数についての企業の最善の見積もり（IAS19.76）であり，主要なものとして下記が挙げられる。

(i)　死亡率

企業は，死亡率の仮定を，雇用中及び退職後における制度加入者の死亡率の最善の見積もりを参照して決定しなければならず（IAS19.81），給付の最終的なコストを見積もるために，企業は，例えば，死亡率の改善の見積もりで標準死亡率表を修正することにより，死亡率の予想される変動を考慮に入れる（IAS19.82）。

(ii)　割引率

IAS19.83によると，退職給付債務の割引に使用する率は，報告期間の期

第4章　退職後給付　*87*

末時点の優良社債の市場利回りを参照して決定しなければならない。そのような債券について厚みのある市場が存在しない国では，国債の市場利回りを使用しなければならないとされているが，日本の社債市場は銘柄数が十分にある厚みがある市場といえるため，日本において，割引率は，優良社債の市場利回りを参照して決定される。

　また，社債又は国債の通貨及び期日は，退職給付債務の通貨及び見積もり期日と整合していなければならないとされているが，実務上はしばしば，給付支払の見積時期及び金額，並びに給付を支払うべき通貨を反映した単一の加重平均割引率を適用することによってこれを達成する（IAS19.85）。

　(iii)　給与，給付及び医療費

　IAS19.87 によると，企業は，確定給付制度債務を，下記点を反映した基礎により測定しなければならない。

　　(a)　報告期間の末時点の制度の規約に示されている給付

　　(b)　支払うべき給付に影響を与える将来の昇給の見積もり

　　(c)　将来の給付費用に対する雇用主の持分相当額に関して制限があればその影響

　　(d)　企業における当該給付の最終的なコストを減額する従業員又は第三者からの拠出

　　(e)　確定給付制度の下での支払うべき給付に影響する公的水準の変更があれば，下記のいずれかの場合にのみ，その将来の変更の見積もり

　　　(i)　当該変更が報告期間の末日前に実施された場合

　　　(ii)　過去データ又は他の信頼性のある証拠が，例えば将来の一般物価水準又は一般給与水準の将来の変動と一致するような予測可能な方法により，公的給付が変更されることを示している場合

　IAS19.88 によると，報告期間の末日時点の制度の正式な規約に示されている将来の変更を反映させる。

　一方，IAS19.89 によると，報告期間の末日時点の制度の正式な規約に示されていない将来の給付の変更は，数理計算上の仮定には反映させず，そのよう

な変更は，変更前の勤務に対する給付を変更する範囲で過去勤務費用，変更後の勤務に対する給付を変更する範囲で変更後の期間の当期勤務費用を生じさせる。

IAS19.58によると，企業は，確定給付負債（資産）の純額を，財務諸表で認識する金額が報告期間の末日現在で算定した場合の金額と著しく異ならないよう，十分に定期性をもって算定しなければならないとされており，再測定には最新の情報を反映しなければならないとされている。

(2) 日本基準

日本基準をIFRSと比較して整理する。

(a) 数理計算上の評価方法

退職給付に関する会計基準第16項によると，退職給付債務は，退職により見込まれる退職給付の総額のうち，期末までに発生していると認められる額を割り引いて計算するものとされている。

また，退職給付に関する会計基準第17項によると，勤務費用は，退職給付見込額のうち当期に発生したと認められる額を割り引いて計算するものとされている。

上記の方法は発生給付評価方式といわれ，IFRSの予測単位積増方式は，発生給付評価方式のひとつである。

(b) 給付の勤務期間への帰属

退職給付に関する会計基準第19項によると，退職給付見込額のうち期末までに発生したと認められる額は，次のいずれかの方法を選択適用して計算する。この場合，いったん採用した方法は，原則として，継続して適用しなければならない。

(1) 給付見込額について全勤務期間で除した額を各期の発生額とする方法（「期間定額基準」）

(2) 退職給付制度の給付算定式に従って各勤務期間に帰属させた給付に基づき見積もった額を，退職給付見込額の各期の発生額とする方法（「給付算定式基準」）

第4章　退職後給付　　*89*

なお，この方法による場合，勤務期間の後期における給付算定式に従った給付が，初期よりも著しく高い水準となるときには，当該期間の給付が均等に生じるとみなして補正した給付算定式に従わなければならない。

上記の通り，日本基準では，IFRS では認められていない「期間定額基準」が採用できる。

(c)　数理計算上の仮定

(i)　死亡率

退職給付に関する会計基準の適用指針第 27 項によると，死亡率とは，従業員の在職中及び退職後における年齢ごとの死亡発生率をいう。年金給付は，通常，退職後の従業員が生存している期間にわたって支払われるものであることから，生存人員数を推定するために年齢ごとの死亡率を使うのが原則である。この死亡率は，事業主の所在国における全人口の生命統計表等を基に合理的に算定する。

(ii)　割引率

退職給付に関する会計基準の適用指針第 24 項によると，割引率は，安全性の高い債券の利回りを基礎として決定するが，この安全性の高い債券の利回りには，期末における国債，政府機関債及び優良社債の利回りが含まれる。

優良社債には，例えば，複数の格付機関による直近の格付けがダブル A 格相当以上を得ている社債等が含まれる。

割引率は，退職給付支払ごとの支払見込期間を反映するものでなければならず，当該割引率としては，例えば，退職給付の支払見込期間及び支払見込期間ごとの金額を反映した単一の加重平均割引率を使用する方法や，退職給付の支払見込期間ごとに設定された複数の割引率を使用する方法が含まれる。

上記の通り，日本基準では，割引率は，国債，政府機関債及び優良社債の利回りを基礎として決定されるが，IFRS では，優良社債の市場利回りを基礎として決定しなければならず，優良社債の厚みのある市場が存在しない国では，国債の市場利回りを使用しなければならないとされている。

また，退職給付に関する会計基準の適用指針第 30 項によると，割引率は期

末における安全性の高い債券の利回りを基礎として決定されるが，各事業年度において割引率を再検討し，その結果，少なくとも，割引率の変動が退職給付債務に重要な影響を及ぼすと判断した場合にはこれを見直し，退職給付債務を再計算する必要がある。

また，重要な影響の有無の判断にあたっては，前期末に用いた割引率により算定した場合の退職給付債務と比較して，期末の割引率により計算した退職給付債務が 10 ％以上変動すると推定されるときには，重要な影響を及ぼすものとして期末の割引率を用いて退職給付債務を再計算しなければならないとされている。

対して，IFRS では，上記の日本基準のような重要性基準はなく，毎期末ごとに割引率を求める必要がある。

(iii) 給与，給付及び医療費

日本基準では，予想昇給率について退職給付に関する会計基準の適用指針第 28 項があり，予想昇給率は，個別企業における給与規程，平均給与の実態分布及び過去の昇給実績等に基づき，合理的に推定して算定する。過去の昇給実績は，過去の実績に含まれる異常値（急激な業績拡大に伴う大幅な給与加算額，急激なインフレによる給与テーブルの改訂等に基づく値）を除き，合理的な要因のみを用いる必要がある。

なお，予想昇給率等には，勤務期間や職能資格制度に基づく「ポイント」により算定する場合が含まれる。

(iv) 退職率

日本基準では，退職率についても退職給付に関する会計基準の適用指針第 26 項があり，退職率とは，在籍する従業員が自己都合や定年等により生存退職する年齢ごとの発生率のことであり，在籍する従業員が今後どのような割合で退職していくかを推計する際に使用する計算基礎である。したがって，将来の予測を適正に行うために，計算基礎は，異常値（リストラクチャリングに伴う大量解雇，退職加算金を上乗せした退職の勧誘による大量退職等に基づく値）を除いた過去の実績に基づき，合理的に算定しなければならない

とされている。

② STEP2 制度資産の公正価値を算定する

(1) IFRS

IAS19.113 によると，制度資産の公正価値は，積立不足又は積立超過を算定する際に，確定給付制度債務の現在価値から控除される。

IAS19.8 によると，制度資産は長期の従業員給付基金が有している資産及び適格な保険証券からなる。

長期の従業員給付基金は下記2つの要件を満たす資産をいう。

(a) 報告企業から法的に分離され，従業員給付の支払い又は積立てを行うためだけに存在している事業体（基金）により保有されている。

(b) 従業員給付の支払い又は積立てを行うためだけに利用可能なものであり，報告企業自体の債権者には利用できず，かつ，基金の残りの資産が，制度又は報告企業の関連する従業員給付債務の全てを支払うのに十分である場合又は当該資産が，報告企業がすでに支払った従業員給付の補填のために報告企業に返還される場合を除いて報告企業に返還できないもの。

適格な保険証券とは，報告企業の関連当事者でない保険会社の発行した保険証券で，当該保険証券の保険金が下記2つの要件を満たすものをいう。

(a) 確定給付制度による従業員給付の支払い又は積立てのためだけに使用できる。

(b) 報告企業自身の債権者には利用できず，かつ，当該保険金が，関連する従業員給付債務の全てを支払うのに必要な余剰資産を表している場合，又は当該保険金が，報告企業がすでに支払った従業員給付の補填のために報告企業に返還される場合を除いて報告企業に支払われないもの。

なお，IFRS では，退職給付信託について特段の定めはないため，IAS19.8 の要件の定義を満たすか検討が必要である。

(2) 日本基準

退職給付に関する会計基準第7項によると，「年金資産」とは，特定の退職

給付制度のために，その制度について企業と従業員との契約（退職金規程等）等に基づき積立てられた，次の全てを満たす特定の資産をいう。

(1) 退職給付以外に使用できないこと

(2) 事業主及び事業主の債権者から法的に分離されていること

(3) 積立超過分を除き，事業主への返還，事業主からの解約・目的外の払出し等が禁止されていること

(4) 資産を事業主の資産と交換できないこと

退職給付に関する会計基準の適用指針第18項によると，「退職給付信託」を用いる場合，退職給付に充てるために積立てる資産は，下記の全ての要件を満たしているときは，会計基準第7項の年金資産に該当する。

(1) 当該信託が退職給付に充てられるものであることが退職金規程等により確認できること

年金資産は退職給付制度を前提として退職給付債務に対応するものである。したがって，信託から支払われる退職給付も退職給付制度の枠組みの中にあることが退職金規程等により確認できれば，当該信託財産と退職給付債務との対応関係が認められることになる。

(2) 当該信託は信託財産を退職給付に充てることに限定した他益信託であること

信託財産を複数の退職給付に充てることとする場合には，信託受益権の内容等により支払いの対象となる退職給付や処理方法の明確化が必要である。

(3) 当該信託は事業主から法的に分離されており，信託財産の事業主への返還及び事業主による受益者に対する詐害的な行為が禁止されていること

事業主の倒産時において，事業主の債権者に対抗できること及び信託財産の信託の目的に従った処分が実行できる仕組みとなっていることが必要である。

(4) 信託財産の管理・運用・処分については，受託者が信託契約に基づい

第4章　退職後給付　93

て行うこと

　事業主との分離の実効性を確保するため，例えば，信託管理人を置く方法があるが，その場合は，当該信託管理人が事業主から独立するための措置が必要である。

　また，信託財産の管理・運用・処分について事業主と分離することが必要であり，したがって，信託の設定に伴い，信託財産の所有権は受託者に移転すること（信託財産が株式の場合，その名義も受託者に移転すること）及び受託者は事業主からの信託財産の処分等の指示について拒否できないような内容を含まないこと，などの契約であることが必要である。

　さらに，信託は退職給付に充てる目的で設定されるものであり，信託した資産を事業主の意思により，基本的に，事業主の資産と交換することはできないことが必要である。

　なお，退職給付信託は，退職一時金制度及び企業年金制度における退職給付債務の積立不足額を積立てるために設定するものであり，資産の信託への拠出時に，退職給付信託財産及びその他の年金資産の時価の合計額が対応する退職給付債務を超える場合には，当該退職給付信託財産は退職給付会計上の年金資産として認められない。

③ STEP3 確定給付制度債務の現在価値と制度資産の公正価値の差額として積立不足又は積立超過額を資産上限額に制限することによる影響を調整して確定給付負債（資産）の純額を算定する

(1) IFRS

　IAS19.8 に記載の通り，STEP1 で算定した確定給制度債務の現在価値とSTEP2 で算定した制度資産の公正価値を控除して積立不足（確定給付負債）又は積立超過（確定給付資産）を算定するが，積立超過の場合には IAS19.64 の資産上限額に制限する影響を調整して確定給付資産を認識する。

　IAS19.64 によると，確定給付制度が積立超過である場合には，企業は確定給付資産の純額を当該確定給付制度の積立超過額又は資産上限額のいずれか低

い金額で測定しなければならない。

IAS19.8 によると，資産上限額は，制度からの返還又は制度への将来掛金の減額の形で利用可能な経済便益の現在価値をいう。

(2) 日本基準

日本基準では，IFRS のような資産上限額はなく，退職給付に関する会計基準第 13 項に従い退職給付債務から年金資産の額を控除した額を負債として計上する。

ただし，年金資産の額が退職給付債務を超える場合には，資産として計上する。

④ STEP4 純損益に認識すべき金額を算定する

(1) IFRS

IAS19.8 及び IAS19.120 によると，純損益で認識される確定給付費用は勤務費用及び確定給付負債の純額に係る利息純額からなる。

勤務費用は，当期勤務費用（当期中の従業員の勤務により生じる確定給付制度債務の現在価値の増加），過去勤務費用（制度改訂又は縮小により生じる，過去の期間の従業員の勤務に係る確定給付制度債務の現在価値の変動）及び清算損益から構成される。

IAS19.123 によると，確定負債（資産）の純額に係る利息純額は，確定給付負債（資産）の純額に割引率を乗じて算定される。

なお，両者とも年次報告期間の開始日時点で算定し，拠出及び給付支払いによる確定給付負債（資産）の純額の期中の変動を考慮に入れる。

IAS19.124 によると，確定給付負債（資産）の純額に係る利息純額は，制度資産に係る利息収益，確定給付制度債務に係る利息費用，及び資産上限額の影響に係る利息から構成される。

IAS19.125 によると，制度資産に係る利息収益は，制度資産の公正価値に割引率を乗じて算定され，制度資産に係る利息収益と制度資産に係る収益との差額は，確定給付負債（資産）の純額の再測定に含まれる。

第 4 章 退職後給付　95

確定給付制度債務に係る利息費用は，期首時点の確定給付債務の現在価値に割引率を乗じて算定される。

IAS19.126 によると，資産上限額の影響に係る利息は，資産上限額の影響に割引率を乗じて算定され，この金額と資産上限額の影響の変動合計額との差額は，確定給付負債（資産）の純額の再測定に含まれる。

(2) 日本基準

退職給付に関する会計基準の適用指針第 57 項に記載のある通り，「退職給付に関連する損益」は下記から構成される。

(1) 勤務費用

(2) 利息費用

期首の退職給付債務に割引率を乗じて算定される（退職給付に関する会計基準の適用指針第 16 項）。

(3) 期待運用収益

期待運用収益は，期首の年金資産の額に長期期待運用収益率を乗じて算定される（退職給付に関する会計基準の適用指針第 21 項）。

長期期待運用収益率は，年金資産が退職給付の支払いに充てられるまでの時期，保有している年金資産のポートフォリオ，過去の運用実績，運用方針及び市場の動向等を考慮して設定する（退職給付に関する会計基準の適用指針第 25 項）。

(4) 数理計算上の差異の当期の費用処理額

退職給付に関する会計基準の適用指針第 34 項によると，数理計算上の差異とは，年金資産の期待運用収益と実際の運用成果との差異，退職給付債務の数理計算に用いた見積数値と実績との差異及び見積数値の変更等により発生した差異をいう。

退職給付に関する会計基準第 15 項によると，数理計算上の差異の当期発生額及び過去勤務費用の当期発生額のうち，費用処理されない部分（未認識数理計算上の差異及び未認識過去勤務費用となる）については，その他の包括利益に含めて計上する。その他の包括利益累計額に計上されている未認識数理計算

上の差異及び未認識過去勤務費用のうち，当期に費用処理された部分については，その他の包括利益の調整（組替調整）を行う。

（5）　過去勤務費用の当期の費用処理額

退職給付に関する会計基準の適用指針第41項によると，過去勤務費用とは，退職給付水準の改訂等に起因して発生した退職給付債務の増加又は減少部分であり，退職金規程等の改訂に伴い退職給付水準が変更された結果生じる，改訂前の退職給付債務と改訂後の退職給付債務の改訂時点における差額を意味する。

上記（4）も参照されたい。

（6）　その他（会計基準変更時差異の費用処理額，臨時に支払った割増退職金等）

会計基準変更時差異について，改正前指針は15年以内の一定の年数にわたり定額法により費用処理することを定めていたが，会計基準及び平成24年改正適用指針の適用時点で当該会計基準変更時差異の未処理額の残高がある場合には，税効果を調整後の残高を退職給付に係る調整累計額（その他の包括益累計額）に計上した上で，この費用処理を継続しなければならない（退職給付に関する会計基準の適用指針第130項）。

⑤　STEP5 その他の包括利益に認識すべき，確定給付負債（資産）の純額の再測定を算定する

（1）　IFRS

IAS19.120及びIAS19.127によると，確定給付負債（資産）の純額の再測定はその他包括利益で認識される。

確定給付負債（資産）の純額の再測定は，数理計算上の差異，制度資産に係る収益（確定給付負債（資産）の純額に係る利息純額に含まれる金額を除く），資産上限額の影響の変動（確定給付負債（資産）の純額に係る利息純額に含まれる金額を除く）からなる。

なお，その他包括利益に計上された数理計算上の差異の純損益への振替は認められない。

IAS19.128 によると，数理計算上の差異は，数理計算上の仮定の変更及び実績修正による，確定給制度債務の現在価値の増加又は減少から生じ，予想外に高いか又は低い率，給付の支払い方法の選択肢に関する仮定の変更の影響，見積もりの変更の影響，割引率の変更の影響によって生じる。

　また，IAS19.130 によると，制度資産に係る収益を算定する際に，制度資産の運営管理に係る費用及び制度自体による未払税金を減額し，他の管理費用は減額しない。

(2)　日本基準

　退職給付に関する会計基準の適用指針第 58 項に記載がある通り，「その他の包括利益に計上された数理計算上の差異及び過去勤務費用の内訳」は下記から構成される。

　(1)　（未認識）数理計算上の差異

　上記 STEP4 の（4）参照。

　(2)　（未認識）過去勤務費用

　上記 STEP4 の（5）参照。

　(3)　会計基準変更時差異（の未処理額）

　上記 STEP4 の（6）参照。

4 IFRS における確定給付制度の退職後給付の設例解説

IFRS における確定給付制度の退職後給付の設例の解説を行うが，確定給付制度の退職後給付のワークシートを用いて複数のパターンの設例解説を行う。

I　積立超過でない場合の確定給付に係る負債

まずはもっとも単純な設例である積立超過でない場合の確定給付に係る負債のケースを「図表 4-1-1　積立超過でない場合の確定給付に係る負債のワークシート」に主要論点を落とし込むことによって整理・解説する。

最初にワークシートの記号を説明しておく。

「S」欄は勤務費用を年金数理人のレポートをもとに入力する。

「I」欄は確定給付制度債務に係る利息費用であり，期首の確定給付制度債務の現在価値に割引率を乗じて計算する。

「R」欄は，制度資産に係る利息収益であり，制度資産に係る利息収益は期首の制度資産に期待割引率を乗じて計算する。

「P」欄は，実績ベースの退職一時金又は年金制度による給付額であり，企業年金制度の場合は，当期の給付額を，確定給付制度債務の現在価値及び制度資産双方の「P」欄に記入する。企業年金制度では，年金資産から給付を行うので，給付を行うことにより確定給付制度債務の現在価値及び制度資産の双方が減少するため，確定給付に係る負債（資産）及び退職給付費用に影響を与えないので特に会計処理は行わない。

「C」欄は，実績ベースの年金制度に対する掛金であり，企業年金制度への掛金については，その掛金拠出額を制度資産の「C」欄に入力する。企業年金

第 4 章　退職後給付　**99**

制度へ掛金を拠出することにより，制度資産が増加し，制度資産の増加により確定給付に係る負債の減少となる。

図表 4-1-1　積立超過でない場合の確定給付に係る負債のワークシート

会社名：福留聡株式会社　事業年度：2017 年 3 月期

2017 年 3 月期（2016 年 4 月 1 日から 2017 年 3 月 31 日）割引率：0.335%

【2017 年 3 月期】　　　　　　　　　　　　　　　　　　　　　　　　　　　　　　　　（単位：円）

	期首実績 2016/4/1		退職給付 費用		年金掛金/ 給付金支払	期末予定 2017/3/31	数理計算 上の差異	期末実績 2017/3/31
確定給付制度債務の 現在価値	(10,124,000)	S	(1,380,000)	P	1,350,000	(10,187,915)	(462,085)	(10,650,000)
		I	(33,915)					
制度資産	7,710,000	R	25,829	C	1,000,000 }	7,385,829	714,171	8,100,000
				P	(1,350,000) }			
確定給付に係る資産/ （確定給付に係る負債）	(2,414,000)		(1,388,086)		1,000,000	(2,802,086)	252,086	(2,550,000)
数理計算上の差異	(1,528,000)					(1,528,000)	(252,086)	(1,780,086)
（控除：税効果分）	457,942					457,942	75,550	533,492
確定給付制度の再測定	(1,070,058)					(1,070,058)	(176,536)	(1,246,595)

※記号の意味
S　勤務費用　　　R　期待運用収益　　　C　年金制度に対する掛金（実績）
I　利息費用　　　P　退職一時金・年金制度による給付額（実績）

【2017 年 3 月期の会計処理】（単位：千円）

(i)　退職給付費用の計上
（借）退 職 給 付 費 用　1,388,086　　　（貸）確定給付に係る負債　1,388,086
　　　繰 延 税 金 資 産　　 416,009　　　　　　法 人 税 等 調 整 額　　 416,009

(ii)　年金掛金拠出
（借）確定給付に係る負債　1,000,000　　　（貸）現 金 及 び 預 金　1,000,000
　　　繰 延 税 金 資 産　　 416,009　　　　　　法 人 税 等 調 整 額　　 416,009

(iii)　期末における数理計算上の差異の処理額
（借）確定給付に係る負債　　252,086　　　（貸）確定給付制度の再測定　　252,086
　　　確定給付制度の再測定　 75,550　　　　　　法 人 税 等 調 整 額　　　75,550

1　STEP1 確定給付制度債務の現在価値を算定する

　期首の確定給付制度債務の現在価値と勤務費用及び期末の確定給付制度債務の現在価値は通常年金数理人に算定を依頼し，年金数理人が算定したレポート結果をワークシートに入力する。

　本設例では，期首の確定給付制度債務の現在価値は 10,124,000 円，勤務費用は 1,380,000 円，期末の確定給付制度債務の現在価値は 10,650,000 円の

年金数理人の算定結果をワークシートに入力する。

　割引率は毎期ごとに格付投資情報センターが開示している優良社債の AA 格以上の利回りを参照して決定し，退職給付の見込支払日ごとに異なる割引率を測定するのは煩雑であるため，加重平均した単一の割引率を用い，2016 年 4 月 1 日時点は 0.335 %，2017 年 3 月 31 日時点では，0.215 %を採用した。

② ⌈STEP2⌋ 制度資産の公正価値を算定する

　本設例では，制度資産は長期の従業員給付基金が有している資産のみとし，公正価値を信託銀行等受託計算機関に委託しており，入手したレポート結果をもとに期首の公正価値 7,710,000 円，期末の公正価値 8,100,000 円をワークシートに入力する。

③ ⌈STEP3⌋ 確定給付制度債務の現在価値と制度資産の公正価値の差額として積立不足又は積立超過額を資産上限額に制限することによる影響を調整して確定給付負債（資産）の純額を算定する

　本設例では，積立超過の状態でないので，資産上限額の影響を考慮する必要がなく，期末の確定給付制度債務の現在価値 10,650,000 円と制度資産の公正価値 8,100,000 円の差額 2,550,000 円を確定給付に係る負債として認識する。

④ ⌈STEP4⌋ 純損益に認識すべき金額を算定する

　純損益で認識される確定給付費用は勤務費用及び確定給付負債の純額に係る利息純額になる。本設例では，積立超過の状態でないので，資産上限額の影響を考慮する必要がなく，確定給付負債（資産）の純額に係る利息純額は，制度資産に係る利息収益，確定給付制度債務に係る利息費用から構成されるため，退職給付費用は，勤務費用，制度資産に係る利息収益，確定給付制度債務に係る利息費用の合計になる。

　勤務費用は，年金数理人の算定結果である 1,380,000 円となる。

　確定給付制度債務に係る利息費用＝期首の確定給付制度債務の現在価値

第 4 章　退職後給付　　*101*

10,124,000 円×割引率 0.335 ％＝33,915 円

　制度資産に係る利息収益＝期首の制度資産の公正価値 7,710,000 円×割引率 0.335 ％＝25,829 円

　上記より，退職給付費用＝勤務費用 1,380,000 円＋確定給付制度債務に係る利息費用 33,915 円－制度資産に係る利息収益 25,829 円＝1,388,086 円となる。

⑤ STEP5 その他の包括利益に認識すべき，確定給付負債（資産）の純額の再測定を算定する

　本設例では，積立超過の状態でないので，資産上限額の影響を考慮する必要がなく，確定給付負債（資産）の純額の再測定は，数理計算上の差異，制度資産に係る収益（確定給付負債（資産）の純額に係る利息純額に含まれる金額を除く）から構成される。

　数理計算上の差異＝期末の確定給付制度債務の現在価値の実績値 10,650,000 円と期末の確定給付制度債務の予定値 10,187,915 円の差額で 462,085 円となる。

　なお，期末の確定給付制度債務の予定値は，期首の確定給付制度債務の現在価値 10,124,000 円＋勤務費用 1,380,000 円＋確定給付制度債務に係る利息費用 33,915 円－給付金の年金からの支払額 1,350,000 円＝10,187,915 円となる。

　制度資産に係る収益＝期末の制度資産の公正価値の実績値 8,100,000 円と期末の制度資産の公正価値の予定値 7,385,829 円の差額で 714,171 円となる。

　期末の制度資産の公正価値の予定値は，期首の制度資産の公正価値 7,710,000 円＋制度資産に係る利息収益 25,829 円＋年金掛金拠出額 1,000,000 円－給付金の年金からの支払額 1,350,000円＝7,385,829円となる。

　確定給付負債の純額の再測定の合計額＝数理計算上の差異－462,085 円＋制度資産に係る収益 714,171 円＝252,086 円となる。

　本設例の 2017 年 3 月期に行われる仕訳はまとめると下記の通りになる。

【2017年3月期の会計処理】（単位：千円）

(i) 退職給付費用の計上

(借)	退 職 給 付 費 用	1,388,086		(貸)	確定給付に係る負債	1,388,086
	繰 延 税 金 資 産	416,009			法人税等調整額	416,009

(ii) 年金掛金拠出

(借)	確定給付に係る負債	1,000,000		(貸)	現 金 及 び 預 金	1,000,000
	繰 延 税 金 資 産	416,009			法人税等調整額	416,009

(iii) 期末における数理計算上の差異の処理額

(借)	確定給付に係る負債	252,086		(貸)	確定給付制度の再測定	252,086
	確定給付制度の再測定	75,550			法人税等調整額	75,550

(1) 退職給付費用の計上

退職給付費用の計上は STEP4 で算定した退職給付費用 1,388,086 円を貸方に確定給付に係る負債として計上することになる。

繰延税金資産は問題なく回収可能性があるとし，実効税率を 29.97 ％とすると，繰延税金資産及び法人税等調整額が 416,009 円計上される。

(i) 退職給付費用の計上

(借)	退 職 給 付 費 用	1,388,086		(貸)	確定給付に係る負債	1,388,086
	繰 延 税 金 資 産	416,009			法人税等調整額	416,009

(2) 年金掛金の拠出

年金掛金の拠出は制度資産を増加させ，確定給付制度債務の現在価値と制度資産の公正価値の差額として算定される確定給付に係る負債が減少するため，現金及び預金の減少と同時に確定給付に係る負債が減少する仕訳をすることになる。

(ii) 年金掛金拠出

(借)	確定給付に係る負債	1,000,000		(貸)	現 金 及 び 預 金	1,000,000
	繰 延 税 金 資 産	416,009			法人税等調整額	416,009

(3) 期末における数理計算上の差異の処理額

STEP5 で算定された数理計算上の差異 252,086 円は，全額その他包括利益

第4章 退職後給付 **103**

で認識する。

　その他包括利益で認識される繰延税金資産は問題なく回収可能性があるとし，実効税率 29.97% とすると，繰延税金資産 75,550 円は，その他包括利益で認識される。

(iii)　期末における数理計算上の差異の処理額

（借）確定給付に係る負債	252,086	（貸）確定給付制度の再測定	252,086
確定給付制度の再測定	75,550	法人税等調整額	75,550

Ⅱ　制度改訂された場合で積立超過でない場合の確定給付に係る負債

　福留聡株式会社の確定給付制度債務は累計ポイントに単価を乗じて算定しているが，2016 年 4 月 1 日に退職金規程が改訂され，単価が 10,000 円から 11,000 円に増加し，確定給付制度債務の現在価値が 10,350,000 円に増加した以外は，Ⅰの設例の前提条件と同様の場合のワークシートは下記の通りになる。

　下記「図表 4-2-1　制度改訂された場合で積立超過でない場合の確定給付に係る負債のワークシート」を参照されたい。

　「PSL」欄は過去勤務費用であり，過去勤務費用を制度改訂後と制度改訂前の確定給付制度債務の現在価値差額を年金数理人のレポートをもとに入力する。

　STEP1 ～ STEP3 は，Ⅰの設例と同様のため解説をパスし，STEP4 及び STEP5 のみ解説する。

104

図表 4-2-1　制度改訂された場合で積立超過でない場合の確定給付に係る負債のワークシート

会社名：福留聡株式会社　事業年度：2017 年 3 月期

2017 年 3 月期（2016 年 4 月 1 日から 2017 年 3 月 31 日）割引率：0.335%

【2017 年 3 月期】　(単位：円)

	期首実績 2016/4/1		退職給付費用	年金掛金/給付金支払		期末予定 2017/3/31	数理計算上の差異	期末実績 2017/3/31
確定給付制度債務の現在価値	(10,124,000)	S	(1,380,000)	P	1,350,000	(10,413,915)	(236,085)	(10,650,000)
		I	(33,915)					
		PSL	(226,000)					
制度資産	7,710,000	R	25,829	C	1,000,000 }	7,385,829	714,171	8,100,000
				P	(1,350,000) }			
確定給付に係る資産/（確定給付に係る負債）	(2,414,000)		(1,614,086)		1,000,000	(3,028,086)	478,086	(2,550,000)
数理計算上の差異	(1,528,000)					(1,528,000)	(478,086)	(2,006,086)
（控除：税効果分）	457,942					457,942	143,282	601,224
確定給付制度の再測定	(1,070,058)					(1,070,058)	(334,804)	(1,404,862)

※記号の意味
S　勤務費用　　　R　期待運用収益　　　C　年金制度に対する掛金（実績）
I　利息費用　　　P　退職一時金・年金制度による給付額（実績）　　　PSL　過去勤務費用

【2017 年 3 月期の会計処理】（単位：千円）

(i)　退職給付費用の計上

(借)	退職給付費用	1,614,086	(貸)	確定給付に係る負債	1,614,086
	繰延税金資産	483,742		法人税等調整額	483,742

(ii)　年金掛金拠出

(借)	確定給付に係る負債	1,000,000	(貸)	現金及び預金	1,000,000

(iii)　期末における数理計算上の差異の処理額

(借)	確定給付に係る負債	478,086	(貸)	確定給付制度の再測定	478,086
	確定給付制度の再測定	143,282		繰延税金負債	143,282

①　STEP4 純損益に認識すべき金額を算定する

Ⅰの設例と異なるのは，制度改訂により，確定給付制度債務が 10,350,000 円に増加したため，制度改訂による確定給付制度債務の現在価値 10,350,000 円－制度改訂前の期首の確定給付制度債務の現在価値 10,124,000 円＝ 226,000 円を過去勤務費用として一括して退職給付費用に計上することである。

そのため，退職給付費用＝勤務費用 1,380,000 円＋確定給付制度債務に係る利息費用 33,915 円＋過去勤務費用 226,000 円－制度資産に係る利息収益 25,829 円＝ 1,614,086 円となる。

第 4 章　退職後給付　　*105*

2 [STEP5] その他の包括利益に認識すべき，確定給付負債（資産）の純額の再測定を算定する

制度改訂による確定給付制度債務の増加により，期末の確定給付制度債務の予定値は，期首の確定給付制度債務の現在価値 10,124,000 円＋勤務費用 1,380,000 円＋確定給付制度債務に係る利息費用 33,915 円＋過去勤務費用 226,000 円－給付金の年金からの支払額 1,350,000 円＝10,413,915 円となる。

数理計算上の差異＝期末の確定給付制度債務の現在価値の実績値 10,650,000 円と期末の確定給付制度債務の予定値 10,413,915 円の差額で 236,085 円となる。

確定給付負債の純額の再測定の合計額＝数理計算上の差異－236,085 円＋制度資産に係る収益 714,171 円＝478,086 円となる。

本設例の 2017 年 3 月期に行われる仕訳はまとめると下記の通りになる。

【2017 年 3 月期の会計処理】（単位：千円）

(i) 退職給付費用の計上

| (借) 退職給付費用 | 1,614,086 | (貸) 確定給付に係る負債 | 1,614,086 |
| 繰延税金資産 | 483,742 | 法人税等調整額 | 483,742 |

(ii) 年金掛金拠出

| (借) 確定給付に係る負債 | 1,000,000 | (貸) 現金及び預金 | 1,000,000 |

(iii) 期末における数理計算上の差異の処理額

| (借) 確定給付に係る負債 | 478,086 | (貸) 確定給付制度の再測定 | 478,086 |
| 確定給付制度の再測定 | 143,282 | 繰延税金負債 | 143,282 |

Ⅰの設例と異なる（1）退職給付費用の計上及び（3）期末における数理計算上の差異の処理額のみ解説する。

(1) 退職給付費用の計上

退職給付費用の計上は [STEP4] で算定した退職給付費用 1,614,086 円を貸方に確定給付に係る負債として計上することになる。

繰延税金資産は問題なく回収可能性があるとし，実効税率を 29.97 ％とすると，繰延税金資産及び法人税等調整額が 483,742 円計上される。

(i)　退職給付費用の計上

(借)	退職給付費用	1,614,086	(貸)	確定給付に係る負債	1,614,086
	繰延税金資産	483,742		法人税等調整額	483,742

(3)　期末における数理計算上の差異の処理額

STEP5 で算定された数理計算上の差異 478,086 円は，全額その他包括利益で認識する。

その他包括利益で認識される繰延税金資産は問題なく回収可能性があるとし，実効税率を 29.97 ％とすると，繰延税金資産 143,282 円はその他包括利益で認識される。

(iii)　期末における数理計算上の差異の処理額

(借)	確定給付に係る負債	478,086	(貸)	確定給付制度の再測定	478,086
	確定給付制度の再測定	143,282		繰延税金負債	143,282

Ⅲ　清算に該当する場合の積立超過でない場合の確定給付に係る負債

退職金制度の改訂により過年度分も含め確定給付企業年金からの給付の 20 ％相当部分（2,024,800 円）を確定拠出年金に移行し，同時に確定給付企業年金資産の 20 ％相当額（1,542,000 円）を確定拠出年金に移行する。新制度の施行日は 2016 年 4 月 1 日とする。

他の前提条件は，2017 年 3 月 31 日の確定給付制度債務の現在価値が 8,600,000 円，制度資産の公正価値が 6,500,000 円，当期の勤務費用が 1,080,000 円になる以外は Ⅰ の設例と同様とする。

IAS19.120 によると，清算は，確定給付制度の下で支給する給付の一部又は全てについて，全ての追加的な法的債務又は推定的債務を解消する取引を企業が行う時に発生するとされ，本設例の退職金制度の改訂により過年度分も含め確定給付企業年金からの給付の一部の確定拠出年金への移行は清算に該当する。

IAS19.109 によると，清算損益は，清算日現在で算定される清算される確定給付制度債務の現在価値と移転される制度資産，及び清算に関連して企業が直接行う全ての支払いを含む清算価格の差額として算定される。

　本設例では，清算利益＝清算される確定給付制度債務の現在価値 2,024,800 円－移転される制度資産 1,542,000 円＝482,800 円となる。

　下記「図表 4-3-1　清算に該当する場合の積立超過でない場合の確定給付に係る負債のワークシート」を参照されたい。

図表 4-3-1　清算に該当する場合の積立超過でない場合の確定給付に係る負債のワークシート

会社名：福留聡株式会社　事業年度：2017 年 3 月期

2017 年 3 月期（2016 年 4 月 1 日から 2017 年 3 月 31 日）割引率：0.335%

【2017 年 3 月期】 （単位：円）

	期首実績 2016/4/1	清算		退職給付 費用		年金掛金/ 給付金支払	期末予定 2017/3/31	数理計算 上の差異	期末実績 2017/3/31
確定給付制度債務の 現在価値	(10,124,000)	2,024,800	S	(1,080,000)	P	1,350,000	(7,856,332)	(743,668)	(8,600,000)
			I	(27,132)					
制度資産	7,710,000	(1,542,000)	R	20,663	C	1,000,000 ⎫	5,838,663	661,337	6,500,000
					P	(1,350,000) ⎭			
確定給付に係る資産/ （確定給付に係る負債）	(2,414,000)	482,800		(1,086,469)		1,000,000	(2,017,669)	(82,331)	(2,100,000)
数理計算上の差異	(1,528,000)						(1,528,000)	82,331	(1,445,669)
（控除：税効果分）	457,942						457,942	(24,675)	433,267
確定給付制度の再測定	(1,070,058)						(1,070,058)	57,656	(1,012,402)

※記号の意味
S　勤務費用　　　R　期待運用収益　　　C　年金制度に対する掛金（実績）
I　利息費用　　　P　退職一時金・年金制度による給付額（実績）

【2017 年 3 月期の会計処理】（単位：千円）

(i)　清算損益の計上

(借) 確定給付に係る負債	482,800	(貸) 清　算　利　益	482,800

(ii)　退職給付費用の計上

(借) 退 職 給 付 費 用	1,086,469	(貸) 確定給付に係る負債	1,086,469
繰 延 税 金 資 産	325,615	法 人 税 等 調 整 額	325,615

(iii)　年金掛金拠出

(借) 確定給付に係る負債	1,000,000	(貸) 現 金 及 び 預 金	1,000,000

(iv)　期末における数理計算上の差異の処理額

(借) 確定給付制度の再測定	82,331	(貸) 確定給付に係る負債	82,331
繰 延 税 金 資 産	24,675	確定給付制度の再測定	24,675

1 STEP1 確定給付制度債務の現在価値を算定する

期首の確定給付制度債務の現在価値と勤務費用及び期末の確定給付制度債務の現在価値は通常年金数理人に算定を依頼し，年金数理人が算定したレポート結果をワークシートに入力する。

本設例では，期首の確定給付制度債務の現在価値は 10,124,000 円，勤務費用は 1,080,000 円，期末の確定給付制度債務の現在価値は 8,600,000 円の年金数理人の算定結果をワークシートに入力する。

割引率は I の設例と同様とする。

2 STEP2 制度資産の公正価値を算定する

本設例では，制度資産は長期の従業員給付基金が有している資産のみとし，公正価値を信託銀行等受託計算機関に委託しており，入手したレポート結果をもとに期首の公正価値 7,710,000 円，期末の公正価値 6,500,000 円をワークシートに入力する。

3 STEP3 確定給付制度債務の現在価値と制度資産の公正価値の差額として積立不足又は積立超過額を資産上限額に制限することによる影響を調整して確定給付負債（資産）の純額を算定する

本設例では，積立超過の状態でないので，資産上限額の影響を考慮する必要がなく，期末の確定給付制度債務の現在価値 8,600,000 円と制度資産の公正価値 6,500,000 円の差額 2,100,000 円を確定給付に係る負債として認識する。

4 STEP4 純損益に認識すべき金額を算定する

純損益で認識される確定給付費用は勤務費用及び確定給付負債の純額に係る利息純額になる。本設例では，積立超過の状態でないので，資産上限額の影響を考慮する必要がなく，確定給付負債（資産）の純額に係る利息純額は，制度資産に係る利息収益，確定給付制度債務に係る利息費用から構成されるため，退職給付費用は，勤務費用，制度資産に係る利息収益，確定給付制度債務に係

第4章 退職後給付 *109*

る利息費用の合計になる。

勤務費用は，年金数理人の算定結果である 1,080,000 円となる。

確定給付制度債務に係る利息費用＝（期首の確定給付制度債務の現在価値 10,124,000 円－清算される確定給付制度債務の現在価値 2,024,800 円）×割引率 0.335 ％＝27,132 円

制度資産に係る利息収益＝（期首の制度資産の公正価値 7,710,000 円－移転される制度資産 1,542,000 円）×割引率 0.335 ％＝20,663 円

上記より，退職給付費用＝勤務費用 1,080,000 円＋確定給付制度債務に係る利息費用 27,132 円－制度資産に係る利息収益 20,663 円＝1,086,469 円となる。

5 STEP5 その他の包括利益に認識すべき，確定給付負債（資産）の純額の再測定を算定する

本設例では，積立超過の状態でないので，資産上限額の影響を考慮する必要がなく，確定給付負債（資産）の純額の再測定は，数理計算上の差異，制度資産に係る収益（確定給付負債（資産）の純額に係る利息純額に含まれる金額を除く）から構成される。

数理計算上の差異＝期末の確定給付制度債務の現在価値の実績値 8,600,000 円と期末の確定給付制度債務の予定値 7,856,332 円の差額で 743,668 円となる。

なお，期末の確定給付制度債務の予定値は，期首の確定給付制度債務の現在価値 10,124,000 円－清算される確定給付制度債務の現在価値 2,024,800 円＋勤務費用 1,080,000 円＋確定給付制度債務に係る利息費用 27,132 円－給付金の年金からの支払額 1,350,000 円＝7,856,332 円となる。

制度資産に係る収益＝期末の制度資産の公正価値の実績値 6,500,000 円と期末の制度資産の公正価値の予定値 5,838,663 円の差額で 661,337 円となる。

期末の制度資産の公正価値の予定値は，期首の制度資産の公正価値 7,710,000 円－移転される制度資産 1,542,000 円＋制度資産に係る利息収益

20,663 円＋年金掛金拠出額 1,000,000 円－給付金の年金からの支払額 1,350,000 円＝5,838,663 円となる。

確定給付負債の純額の再測定の合計額＝数理計算上の差異－743,668 円＋制度資産に係る収益 661,337 円＝－82,331 円となる。

本設例の 2017 年 3 月期に行われる仕訳はまとめると下記の通りになる。

【2017 年 3 月期の会計処理】（単位：千円）

（i）　清算損益の計上

（借）確定給付に係る負債　　482,800　　（貸）清　算　利　益　　482,800

（ii）　退職給付費用の計上

（借）退 職 給 付 費 用　1,086,469　　（貸）確定給付に係る負債　1,086,469

　　　繰 延 税 金 資 産　　325,615　　　　　法人税等調整額　　325,615

（iii）　年金掛金拠出

（借）確定給付に係る負債　1,000,000　　（貸）現 金 及 び 預 金　1,000,000

（iv）　期末における数理計算上の差異の処理額

（借）確定給付制度の再測定　　82,331　　（貸）確定給付に係る負債　　82,331

　　　繰 延 税 金 資 産　　24,675　　　　確定給付制度の再測定　　24,675

Ⅰの設例と同様の仕訳になる（3）年金掛金拠出以外の解説をする。

(1) 清算損益の計上

清算利益＝清算される確定給付制度債務の現在価値 2,024,800 円－移転される制度資産 1,542,000 円＝482,800 円になり，確定給付に係る負債が同額減少することになる。

（i）　清算損益の計上

（借）確定給付に係る負債　　482,800　　（貸）清　算　利　益　　482,800

(2) 退職給付費用の計上

退職給付費用の計上は STEP4 で算定した退職給付費用 1,086,469 円を貸方に確定給付に係る負債として計上することになる。

繰延税金資産は問題なく回収可能性があるとし，実効税率を 29.97 ％とすると，繰延税金資産及び法人税等調整額が 325,615 円計上される。

第 4 章　退職後給付　*111*

(ii) 退職給付費用の計上

(借)	退職給付費用	1,086,469	(貸)	確定給付に係る負債	1,086,469
	繰延税金資産	325,615		法人税等調整額	325,615

(4) 期末における数理計算上の差異の処理額

STEP5 で算定された数理計算上の差異 82,331 円は，全額その他包括利益で認識する。

その他包括利益で認識される繰延税金資産は問題なく回収可能性があるとし，実効税率を 29.97 ％とすると，繰延税金資産 24,675 円は，その他包括利益で認識される。

(iv) 期末における数理計算上の差異の処理額

(借)	確定給付制度の再測定	82,331	(貸)	確定給付に係る負債	82,331
	繰延税金資産	24,675		確定給付制度の再測定	24,675

Ⅳ　積立超過の場合の確定給付に係る資産

積立超過の場合の確定給付に係る資産のケースを「図表 4-4-1　積立超過の場合の確定給付に係る資産のワークシート」に主要論点を落とし込むことによって整理・解説する。

図表 4-4-1　積立超過の場合の確定給付に係る資産のワークシート

会社名：福留聡株式会社　事業年度：2017年3月期

2017年3月期（2016年4月1日から2017年3月31日）割引率：0.335%

【2017年3月期】　　　　　　　　　　　　　　　　　　　　　　　　　　　　　　　　（単位：円）

	期首実績 2016/4/1	退職給付費用	年金掛金/給付金支払	期末予定 2017/3/31	数理計算上の差異	期末実績 2017/3/31
確定給付制度債務の現在価値	(6,124,000) S	(1,000,000) P	1,350,000	(5,794,515)	(705,485)	(6,500,000)
		I (20,515)				
制度資産	7,710,000 R1	25,829	C 2,000,000 P (1,350,000)	8,385,829	814,171	9,200,000
積立超過/(積立不足)	1,586,000	(994,686)	2,000,000	2,591,314	108,686	2,700,000
資産上限額の影響	(586,000) R2	(1,963)		(587,963)	(912,037)	(1,500,000)
資産上限額	1,000,000					1,200,000
確定給付に係る資産/(確定給付に係る負債)	1,000,000	(996,650)	2,000,000	2,003,351	(803,351)	1,200,000
数理計算上の差異	(1,528,000)			(1,528,000)	803,351	(724,650)
(控除：税効果分)	457,942			457,942	(240,764)	217,177
確定給付制度の再測定	(1,070,058)			(1,070,058)	562,586	(507,472)

※記号の意味
S　勤務費用　　　R　期待運用収益　　　C　年金制度に対する掛金（実績）
I　利息費用　　　P　退職一時金・年金制度による給付額（実績）

【2017年3月期の会計処理】（単位：千円）

(i)　退職給付費用の計上

（借）退 職 給 付 費 用　996,650　　　　（貸）確定給付に係る資産　　996,650
　　　繰 延 税 金 資 産　298,696　　　　　　　法 人 税 等 調 整 額　298,696

(ii)　年金掛金拠出

（借）確定給付に係る資産　2,000,000　　（貸）現 金 及 び 預 金　2,000,000

(iii)　期末における数理計算上の差異の処理額

（借）確定給付制度の再測定　803,351　　（貸）確定給付に係る資産　　803,351
　　　繰 延 税 金 資 産　240,764　　　　　　　確定給付制度の再測定　240,764

① STEP1 確定給付制度債務の現在価値を算定する

　期首の確定給付制度債務の現在価値と勤務費用及び期末の確定給付制度債務の現在価値は，通常年金数理人に算定を依頼し，年金数理人が算定したレポート結果をワークシートに入力する。

　本設例では，期首の確定給付制度債務の現在価値は 6,124,000 円，勤務費用は 1,000,000 円，期末の確定給付制度債務の現在価値は 6,500,000 円の年金数理人の算定結果をワークシートに入力する。

　割引率はⅠの設例と同様とする。

第 4 章　退職後給付　　*113*

② STEP2 制度資産の公正価値を算定する

本設例では，制度資産は長期の従業員給付基金が有している資産のみとし，公正価値を信託銀行等の受託計算機関に委託しており，入手したレポート結果をもとに期首の公正価値 7,710,000 円，期末の公正価値 9,200,000 円をワークシートに入力する。

③ STEP3 確定給付制度債務の現在価値と制度資産の公正価値の差額として積立不足又は積立超過額を資産上限額に制限することによる影響を調整して確定給付負債（資産）の純額を算定する

年金数理人の算定結果によると，制度からの返還又は制度への将来掛金の減額の形で利用可能な経済便益の現在価値である資産上限額は，期首は 1,000,000 円，期末が 1,200,000 円であった。

IAS19.64 によると，企業は，確定給付資産の純額を積立超過額と資産上限額のいずれか低い方で測定しなければならない。

本設例においては，期首では，確定給付に係る資産は，積立超過額 1,586,000 円と資産上限額 1,000,000 円の低い方の 1,000,000 円で測定され，期末では，確定給付に係る資産は，積立超過額 2,700,000 円と資産上限額 1,200,000 円の低い方の 1,200,000 円で測定される。

資産上限額の影響額は期首が上記積立超過額と資産上限額との差額の－586,000 円，期末が－1,500,000 円となる。

④ STEP4 純損益に認識すべき金額を算定する

純損益で認識される確定給付費用は，勤務費用及び確定給付負債の純額に係る利息純額になる。本設例では，資産上限額があるため，確定給付負債（資産）の純額に係る利息純額は，制度資産に係る利息収益，確定給付制度債務に係る利息費用，及び資産上限額の影響に係る利息から構成され，退職給付費用は，勤務費用，制度資産に係る利息収益，確定給付制度債務に係る利息及び資産上限額の影響に係る利息の合計になる。

114

勤務費用は，年金数理人の算定結果である 1,000,000 円となる。

確定給付制度債務に係る利息費用＝期首の確定給付制度債務の現在価値 6,124,000 円×割引率 0.335 ％＝20,515 円

制度資産に係る利息収益＝期首の制度資産の公正価値 7,710,000 円×割引率 0.335 ％＝25,829 円

資産上限額の影響に係る利息＝資産上限額の影響－586,000 円×割引率 0.335 ％＝－1,963

上記より，退職給付費用＝勤務費用 1,000,000 円＋確定給付制度債務に係る利息費用 20,515 円－制度資産に係る利息収益 25,829 円＋資産上限額の影響に係る利息 1,963 円＝996,650 円となる。

5 STEP5 その他の包括利益に認識すべき，確定給付負債（資産）の純額の再測定を算定する

本設例では，積立超過の状態のため，資産上限額の影響を考慮する必要があり，確定給付負債（資産）の純額の再測定は，数理計算上の差異，制度資産に係る収益（確定給付負債（資産）の純額に係る利息純額に含まれる金額を除く），資産上限額の影響の変動（確定給付負債（資産）の純額に係る利息純額に含まれる金額を除く）から構成される。

数理計算上の差異は，期末の確定給付制度債務の現在価値の実績値 6,500,000 円と期末の確定給付制度債務の予定値 5,794,515 円の差額で 705,485 円となる。

なお，期末の確定給付制度債務の予定値は，期首の確定給付制度債務の現在価値 6,124,000 円＋勤務費用 1,000,000 円＋確定給付制度債務に係る利息費用 20,515 円－給付金の年金からの支払額 1,350,000 円＝5,794,515 円となる。

制度資産に係る収益は，期末の制度資産の公正価値の実績値 9,200,000 円と期末の制度資産の公正価値の予定値 8,385,829 円の差額で 814,171 円となる。

期末の制度資産の公正価値の予定値は，期首の制度資産の公正価値

7,710,000 円＋制度資産に係る利息収益 25,829 円＋年金掛金拠出額 2,000,000 円－給付金の年金からの支払額 1,350,000 円＝8,385,829 円となる。

資産上限額の影響の変動＝期末の資産上限額の影響の実績値－1,500,000 円－期末資産上限額の影響の予定値－587,963 円＝－912,037 円

資産上限額の影響の予定値＝期首の資産上限額の影響－586,000 円＋資産上限額の影響に係る利息－1,963 円＝－587,963 円

確定給付負債の純額の再測定の合計額＝数理計算上の差異－705,485 円＋制度資産に係る収益 814,171 円＋資産上限額の影響の変動－912,037 円＝－803,351 円となる。

本設例の 2017 年 3 月期に行われる仕訳はまとめると下記の通りになる。

【2017 年 3 月期の会計処理】（単位：千円）

(i) 退職給付費用の計上

(借)	退職給付費用	996,650	(貸)	確定給付に係る資産	996,650
	繰延税金資産	298,696		法人税等調整額	298,696

(ii) 年金掛金拠出

(借)	確定給付に係る資産	2,000,000	(貸)	現金及び預金	2,000,000

(iii) 期末における数理計算上の差異の処理額

(借)	確定給付制度の再測定	803,351	(貸)	確定給付に係る資産	803,351
	繰延税金資産	240,764		確定給付制度の再測定	240,764

(1) 退職給付費用の計上

退職給付費用の計上は STEP4 で算定した退職給付費用 996,650 円を貸方に確定給付に係る負債として計上することになる。

繰延税金資産は問題なく回収可能性があるとし，実効税率を 29.97 ％とすると，繰延税金資産及び法人税等調整額が 298,696 円計上される。

(i) 退職給付費用の計上

(借)	退職給付費用	996,650	(貸)	確定給付に係る資産	996,650
	繰延税金資産	298,696		法人税等調整額	298,696

(2) 年金掛金の拠出

年金掛金の拠出は制度資産を増加させ，確定給付制度債務の現在価値と制度資産の公正価値の差額として算定される確定給付に係る資産が増加するため，現金及び預金の減少と同時に確定給付に係る資産が増加する仕訳をすることになる。

(ii) 年金掛金拠出

(借)	確定給付に係る資産	2,000,000	(貸)	現 金 及 び 預 金	2,000,000

(3) 期末における数理計算上の差異の処理額

STEP3 で算定された数理計算上の差異 803,351 円は，全額その他包括利益で認識する。

その他包括利益で認識される繰延税金資産は問題なく回収可能性があるとし，実効税率を 29.97 ％とすると，繰延税金資産 240,764 円は，その他包括利益で認識される。

(iii) 期末における数理計算上の差異の処理額

(借)	確定給付制度の再測定	803,351	(貸)	確定給付に係る資産	803,351
	繰 延 税 金 資 産	240,764		確定給付制度の再測定	240,764

第 4 章　退職後給付　117

第5章

税効果会計

1 税効果会計の関連基準の整理

　IFRS の税効果会計は IAS 第 12 号の法人所得税の中に定められている。日本基準と比較しながら，IFRS の税効果会計の関連基準の整理を行う。

　IAS12.24 によると，繰延税金資産は，将来減算一時差異を利用できる課税所得が生じる可能性が高い範囲内で，全ての将来減算一時差異について繰延税金資産を認識しなければならない。ただし，企業結合でなく，かつ，取引時に会計上の利益にも課税所得（欠損金）にも影響しない取引を除く。

　しかし，子会社，支店及び関連会社に対する投資並びに共同支配の取決めに対する持分から発生する全ての将来減算一時差異に対しては，別途 IAS12.44 に従い，当該一時差異が，予測しうる期間内に解消し，かつ当該一時差異の使用対象となる課税所得が稼得される範囲内でのみ繰延税金資産を認識しなければならない。

　IAS12.15 によると，繰延税金負債は，全ての将来加算一時差異について認識しなければならない。ただし，のれんの当初認識，企業結合でなく，かつ，取引時に会計上の利益にも課税所得（欠損金）にも影響しない取引を除く。

　しかし，子会社，支店及び関連会社に対する投資並びに共同支配の取決めに対する持分から発生する将来加算一時差異に対しては，別途 IAS12.39 に従い，全ての将来加算一時差異に対して繰延税金負債を認識しなければならないが，親会社，投資者又は共同支配投資者又は共同支配事業者が一時差異を解消する時期をコントロールでき，かつ予測可能な期間内に一時差異が解消しない可能性が高い場合は，繰延税金負債は認識しない。

　通常，上記の一時差異の解消は，売却，配当，清算，資本の払戻し等により生じる。

　上記の一時差異の解消時期をコントロール可能か否かは，投資先へのコント

ロールが可能か否かにより判断が異なり，子会社及び支店へは通常はコントロール可能であるが，関連会社は支配していないため，コントロールできないのが普通である。

　そのため，子会社及び支店に対する投資に係る繰延税金負債は，通常はコントロール可能なため，予測可能な期間内に一時差異が解消しない可能性が高い場合に該当すれば，繰延税金負債を認識しないことになる。

　対して，関連会社に対する投資に係る繰延税金負債については，通常は一時差異の解消時期をコントロールできないので，関連会社が予測可能な将来に配当，売却，清算，資本の払戻し等行わないことに合意している等，一時差異の解消時期をコントロールできる場合を除き繰延税金負債を認識する。

　一方，日本基準では，持分法に関する実務指針第27項によると，投資会社が，その投資の売却を自ら決めることができることを前提として予測可能な将来の期間に売却する意思がない場合には，配当金により回収するものを除き，留保利益について税効果を認識しないとされており，上記のIFRSの扱いと異なる。

　なお，上記ののれんの当初認識，企業結合でない取引であり，かつ，取引時に会計上の利益にも課税所得（欠損金）にも影響を与えない取引における資産又は負債の当初認識から生じる将来減算一時差異や将来加算一時差異は，主要な一時差異のなかで資産除去債務が該当する。

　資産除去債務と対応する資産を別個に取り扱う場合は，資産除去債務は取引時点において，資産及び負債を同額計上し，会計上の利益にも課税所得にも影響しない取引に該当し，繰延税金資産及び繰延税金負債は当初認識されない。

　また，上記とは別に，資産除去債務と対応する資産を一体として純額で考える方法もあり，その場合でも，当初認識時は一時差異が生じず，繰延税金資産は認識しないが，事後の資産の減価償却により生じる資産の減少及び資産除去債務の変動により生じる正味の一時差異については繰延税金資産及び繰延税金負債を認識する。

　IFRSにおいては，繰延税金資産の回収可能性の検討について，繰延税金資産の回収可能性に関する適用指針のような詳細なガイダンスはない。

そのため，IFRS において，一般的に下記のような事項を検討し，ポジティブな証拠とネガティブな証拠の双方を検討した上で，繰延税金資産の回収可能性を検証することになる。

・過去の課税所得の安定性や将来の展望
・ビジネスの発展段階
・将来減算一時差異が生じている資産の公正価値
・他の会計上の見積もりで使用した前提と重要な点の首尾一貫性（減損会計の使用価値の見積もり，継続企業の前提等）

次に，課税所得を見積もる期間の制限であるが，日本基準では，繰延税金資産の回収可能性に関する適用指針の分類３では５年，分類４では１年等課税所得を見積もる期間の目安の定めがあるが，IFRS では，課税所得を見積もる期間を一定期間に制限するのは，必ずしも適切でないと考えられており，繰延税金資産の回収可能性に関する適用指針で定められた一定期間経過後も現在の利益水準が継続しないという証拠がなく，一定期間経過後の課税所得も繰延税金資産の回収可能性の検討にあたり考慮する。

また，企業の予算，利益計画等の予測期間が３年又は５年程度作成されているケースが実務上多いが，一定期間経過後の課税所得の発生可能性が高い場合には，３年や５年に限らず，一定期間経過後の課税所得も考慮した上で繰延税金資産の回収可能性を考慮する。その際に，もちろん，課税所得を見込む期間が後になればなるほど，課税所得の実現可能性は低くなる。

また，繰延税金資産の回収可能性に関する適用指針の分類１及び分類２で，税務上の損金算入時期が個別に特定できないが将来のいずれかの時点で損金算入される可能性が高いと見込まれるものについて，当該将来のいずれかの時点で回収できることを合理的に説明できる場合以外は，スケジューリング不能な一時差異に係る繰延税金資産を計上できない。しかし，IFRS においては，一時差異の解消のスケジューリングがたたないという理由のみで繰延税金資産を計上してはならないということはなく，他の証拠により課税所得が生じる可能

性が高い場合には，スケジューリングが不能な一時差異に係る繰延税金資産を認識できる。

　退職給付引当金，建物減価償却超過額等，将来解消見込み年度が長期にわたる将来減算一時差異について，日本基準では繰延税金資産の回収可能性に関する適用指針の分類 4（ただし第 28 項に従い分類 2，及び第 29 項に従い分類 3 に分類される企業を除く）及び分類 5 の場合を除き回収可能性があるとされる。しかし，IFRS においては，このような特別な規定はなく，他の一時差異と同様に，課税所得の発生可能性が高い場合は，将来解消見込み年度が長期にわたる将来減算一時差異について回収可能と判断され，繰延税金資産を認識できる。

　繰越欠損金は，重要な繰越欠損金が存在するとき，日本基準では，重要な税務上の欠損金が生じた原因，中長期計画，過去における中長期計画の達成状況，過去（3 年）及び当期の課税所得又は税務上の欠損金の推移等を勘案して，分類 2 又は分類 3 に分類される場合を除き，繰延税金資産の回収可能性に関する適用指針の分類 4 又は分類 5 として扱われる。しかし，IFRS では，IAS12.35 によると，繰越欠損金の存在は，将来課税所得が稼得されないという強い証拠になり，近年に損失発生の事実がある場合は，十分な将来加算一時差異を有する範囲内でのみ，又は繰越欠損金の使用対象となる十分な課税所得が稼得されるという他の信頼すべき根拠がある場合のみ繰延税金資産を認識し，そのような状況においては，IAS12.82 に従い，繰延税金資産の額及び認識の根拠となった証拠の開示が必要である。

　日本基準では，繰延税金資産及び繰延税金負債は流動固定分類されるが，IFRS では IAS 第 1 号第 56 項に従い，繰延税金資産及び繰延税金負債は全て非流動へ分類される。

　また，日本基準では，異なる納税主体の繰延税金資産と繰延税金負債の相殺表示は認められていないが，IFRS では，IAS 第 12 号第 74 項によると，繰延税金資産・負債については，次のいずれも満たす場合のみ，繰延税金資産と繰延税金負債を相殺しなければならない。

　(a)企業が当期税金資産と当期税金負債を相殺する法律上強制力のある権利を

第 5 章　税効果会計　*123*

有し，かつ(b)繰延税金資産と繰延税金負債が，（i)同一の税務当局によって同じ納税主体又は同一の税務当局によって(ii)重要な金額の繰延税金負債又は資産が決済，もしくは回収されると予想される将来の各期に，当期税金負債と資産とを純額で決済すること，又は資産を実現させると同時に負債を決済することを意図している異なった納税主体，のいずれかに対して課された法人所得税に関するもの。

　日本基準においては，未実現利益の消去に関する税効果は繰延法で行うが，IFRS においては，未実現利益の消去に関する税効果については，特別な規定はなく，原則通り資産負債法に基づき税効果を認識する。

　また，日本基準においては，繰延法を採用し，売却元ですでに支払われた税金を繰り延べるという考え方のため，売却元の法定実効税率を適用して税効果計算し，売却元に適用される税率が今後改正されても税率の変更の影響を受けない。しかし，IFRS では，資産負債法を採用し，売却先が保有する資産を売却したときに未実現利益が実現し課税されると考えるため，売却先の法定実効税率を適用して税効果計算する。その際，売却先が保有する資産を売却する期に適用される将来の法定実効税率も税率の改正により変更されるため，変更後の法定実効税率を適用して税効果計算する。

2 IFRS における税効果会計の実務上のポイント

　本格的な設例の解説に入る前に，IFRS における税効果会計の実務上のポイントを整理しておこう。

　現行実務では，上場企業等が IFRS を適用する場合，上場企業における有価証券報告書の開示が個別財務諸表は日本基準で，連結財務諸表が IFRS で開示することになる。そのため，まず，日本基準の個別財務諸表を作成し，その後 IFRS 修正仕訳を行い，IFRS 個別財務諸表を作成し，IFRS 個別財務諸表をベースに IFRS 連結財務諸表を作成するケースが通常と思われる。

　ただし，本書では，IFRS の税効果会計の実務解説を主としているため，日本基準の個別財務諸表は作成せず，最初から IFRS で個別財務諸表を作成するものとする。

　税効果会計については，１ 税効果会計の関連基準の整理での説明を読んで分かる通り，日本基準と IFRS の税効果会計は基本的な考え方に大きな相違はなく，繰延税金資産の回収可能性等を中心に日本基準では適用指針等で詳細な規定があるのに対し，IFRS では詳細な規定がないため，日本企業の多くは，日本基準での税効果会計の会計基準，適用指針等をベースに IFRS でも計上し，IFRS との明らかな差異部分を追加的に検討している。

　IFRS における税効果会計の実務上のポイントは下記の 7 ステップを検討することにある。

　[STEP1] 一時差異等を把握する
　[STEP2] 法定実効税率を算定する
　[STEP3] 回収可能性考慮前の繰延税金資産及び繰延税金負債を算定する
　[STEP4] 日本基準ベースで繰延税金資産の回収可能性の分類判定を実施後，

第 5 章 税効果会計　*125*

日本基準との差異を考慮し，IFRS ベースで繰延税金資産の回収可能性を見直す

[STEP5] 一時差異解消のスケジューリングを実施する

[STEP6] 回収可能性考慮後の繰延税金資産及び繰延税金負債を算定する

[STEP7] 税金費用のプルーフテストを行い，税金費用の妥当性を検証する

3 IFRS と日本基準における税効果会計の差異のポイント整理

　本格的な設例の解説に入る前に，実務上の STEP 別に IFRS と日本基準における税効果会計の差異を整理しておこう。

　日本基準の実務上のステップは下記の通りであり，基本的に IFRS と同様であるのが分かる。一番の相違は STEP4 で IFRS には日本基準のような繰延税金資産の回収可能性の分類がないため，日本基準で繰延税金資産の回収可能性の分類判定後に再度，IFRS ベースで回収可能性の再検討をする点である。

　日本基準における税効果会計の実務上のポイントは下記の 7 ステップを検討することにある。

STEP1 一時差異等を把握する
STEP2 法定実効税率を算定する
STEP3 回収可能性考慮前の繰延税金資産及び繰延税金負債を算定する
STEP4 繰延税金資産の回収可能性の分類判定をする
STEP5 一時差異解消のスケジューリングを実施する
STEP6 回収可能性考慮後の繰延税金資産及び繰延税金負債を算定する
STEP7 税金費用のプルーフテストを行い，税金費用の妥当性を検証する

　税効果会計の実務上のポイントを日本基準と IFRS で対比解説を行うと下記の通りである。

①　STEP1 一時差異等を把握する

(1)　IFRS

　IAS12.5 によると，一時差異は，資産又は負債の財政状態計算書上の帳簿

第 5 章　税効果会計　*127*

価額と税務基準額との差額であり，一時差異は，将来加算一時差異と将来減算一時差異からなる。

将来加算一時差異は，当該資産又は負債の帳簿価額が将来の期に回収又は決済された時に，その期の課税所得（税務上の欠損金）の算定上加算される一時差異をいう。

将来減算一時差異は，当該資産又は負債の帳簿価額が将来の期に回収又は決済された時に，その期の課税所得（税務上の欠損金）の算定上減算される一時差異をいう。

IAS12.24 によると，繰延税金資産は，将来減算一時差異を利用できる課税所得が生じる可能性が高い範囲内で，全ての将来減算一時差異について繰延税金資産を認識しなければならない。ただし，企業結合でなく，かつ，取引時に会計上の利益にも課税所得（欠損金）にも影響しない取引を除く。

しかし，子会社，支店及び関連会社に対する投資並びに共同支配の取決めに対する持分から発生する全ての将来減算一時差異に対しては，別途 IAS12.44 に従い，当該一時差異が，予測しうる期間内に解消し，かつ当該一時差異の使用対象となる課税所得が稼得される範囲内でのみ繰延税金資産を認識しなければならない。

IAS12.15 によると，繰延税金負債は，全ての将来加算一時差異について認識しなければならない。ただし，のれんの当初認識，企業結合でなく，かつ，取引時に会計上の利益にも課税所得（欠損金）にも影響しない取引を除く。

しかし，子会社，支店及び関連会社に対する投資並びに共同支配の取決めに対する持分から発生する将来加算一時差異に対しては，別途 IAS12.39 に従い，全ての将来加算一時差異に対して繰延税金負債を認識しなければならないが，親会社，投資者又は共同支配投資者又は共同支配事業者が一時差異を解消する時期をコントロールでき，かつ予測可能な期間内に一時差異が解消しない可能性が高い場合は，繰延税金負債は認識しない。

上記ののれんの当初認識，企業結合でない取引であり，かつ取引時に会計上の利益にも課税所得（欠損金）にも影響を与えない取引における資産又は負債

の当初認識から生じる将来減算一時差異や将来加算一時差異は，主要な一時差異のなかで資産除去債務が該当する。

　資産除去債務と対応する資産を別個に取り扱う場合は，資産除去債務は取引時点において，資産及び負債を同額計上し，会計上の利益にも課税所得にも影響しない取引に該当し，繰延税金資産及び繰延税金負債は当初認識されない。

　また，上記とは別に，資産除去債務と対応する資産を一体として純額で考える方法もあり，その場合も，当初認識時は一時差異が生じず，繰延税金資産は認識しないが，事後の資産の減価償却により生じる資産の減少及び資産除去債務の変動により生じる正味の一時差異については繰延税金資産及び繰延税金負債を認識する。

　IFRS においては，資産負債法が採用され，連結財務諸表における未実現損益の税効果会計についても例外なく資産負債法である。

(2)　日本基準

　税効果会計に係る会計基準によると，一時差異とは，貸借対照表及び連結貸借対照表に計上されている資産及び負債の金額と課税所得計算上の資産及び負債の金額との差額をいう。一般的に以下のものが一時差異に該当する。

(1)　収益又は費用の帰属年度の相違により生ずる差額

(2)　資産の評価替えにより生じた評価差額が直接資本の部に計上され，かつ，課税所得の計算に含まれていない場合の当該差額

　なお，税務上の繰越欠損金と，税務上の繰越外国税額控除は，一時差異ではないが，繰越期間に課税所得が生じた場合，課税所得を減額でき，その結果納付税額が減額されるため，税金の前払いの効果のある一時差異と同様の税効果を有するものとして取り扱う。

　一時差異には，当該一時差異が解消するときにその期の課税所得を減額する効果を持つ将来減算一時差異と，当該一時差異が解消するときにその期の課税所得を増額する効果を持つ将来加算一時差異がある。

　税効果会計の方法として，資産負債法を採用しており，資産負債法とは，会計上の資産又は負債の金額と税務上の資産又は負債の金額との間に差異があり，

会計上の資産又は負債が将来回収又は決済されるなどにより当該差異が解消されるときに，税金を減額又は増額させる効果がある場合に，当該差異（一時差異）の発生年度にそれに対する繰延税金資産又は繰延税金負債を計上する方法である。

連結財務諸表における税効果会計で未実現損益の税効果会計のみ繰延法を限定的に採用している繰延法とは，会計上の収益又は費用の金額と税務上の益金又は損金の額に相違がある場合，その相違項目のうち，損益の期間帰属の相違に基づく差異（期間差異）について，発生した年度の当該差異に対する税金軽減額又は税金負担額を差異が解消する年度まで貸借対照表上，繰延税金資産又は繰延税金負債として計上する方法である。

② [STEP2] 法定実効税率を算定する

(1) IFRS

IAS12.47 によると，繰延税金資産及び負債は，報告期間の末日における法定税率又は実質的法定税率に基づいて，資産が実現する期又は負債が決済される期に適用されると予想される税率で算定しなければならない。

IAS12.48 によると，繰延税金資産及び負債は，通常，法定税率を使用して計算されるが，管轄地域によっては，政府が税率及び税法の公表をすればそれが実質的な制定と同じ効果をもつ場合があり，そのような場合は当該公表税率を使用して算定される。

(2) 日本基準

税効果会計に適用する税率に関する適用指針第5項によると，法人税，地方法人税及び地方法人特別税について，繰延税金資産及び繰延税金負債の計算に用いる税率は，決算日において国会で成立している税法（法人税，地方法人税及び地方法人特別税の税率が規定されているもの）に規定されている税率によることとしている。なお，決算日において国会で成立している法人税法等とは，決算日以前に成立した法人税法等を改正するための法律を反映した後の法人税法等をいう。

税効果会計に適用する税率に関する適用指針第6項によると，住民税（法人税割）及び事業税（所得割）について，繰延税金資産及び繰延税金負債の計算に用いる税率は，決算日において国会で成立している税法に基づく税率によることとしている。なお，決算日において国会で成立している地方税法等とは，決算日以前に成立した地方税法等を改正するための法律を反映した後の地方税法等をいう。

　また，税効果会計に適用する税率に関する適用指針第7項によると，決算日において国会で成立している地方税法等に基づく税率とは，次の税率をいう。

(1)　当事業年度において地方税法等を改正するための法律が成立していない場合（地方税法等を改正するための法案が国会に提出されていない場合を含む。）

　決算日において国会で成立している地方税法等を受けた条例に規定されている税率（標準税率又は超過課税による税率）

(2)　当事業年度において地方税法等を改正するための法律が成立している場合

　①　改正された地方税法等を受けて改正された条例が決算日以前に各地方公共団体の議会等で成立している場合

　決算日において成立している条例に規定されている税率（標準税率又は超過課税による税率）

　なお，決算日において成立している条例とは，決算日以前に成立した条例を改正するための条例を反映した後の条例をいう。

　②　改正地方税法等を受けた改正条例が決算日以前に各地方公共団体の議会等で成立していない場合

　ア　決算日において成立している条例に標準税率で課税することが規定されているとき

　改正地方税法等に規定されている標準税率

　イ　決算日において成立している条例に超過課税による税率で課税することが規定されているとき

第5章　税効果会計　*131*

改正地方税法等に規定されている標準税率に，決算日において成立して
いる条例に規定されている超過課税による税率が改正直前の地方税法等の
標準税率を超える差分を考慮する税率

法定実効税率は，個別財務諸表における税効果会計に関する実務指針第 17
項に従い算定される。

個別財務諸表における税効果会計に関する実務指針第 17 項によると，法定
実効税率は，繰越外国税額控除に係る繰延税金資産を除き，繰延税金資産及び
繰延税金負債の計算に使われる税率であり，事業税の損金算入の影響を考慮し
た税率になる。

③ [STEP3] 回収可能性考慮前の繰延税金資産及び繰延税金負債を算定する

(1) IFRS

特に日本基準と異なることはない。

(2) 日本基準

税効果会計の [STEP1] で把握した一時差異等の期末残高に決算日時点の法定
実効税率を乗じて評価性引当額控除前繰延税金資産を算定する。

④ [STEP4] 日本基準ベースで繰延税金資産の回収可能性の分類判定を実施後，日本基準との差異を考慮し，IFRS ベースで繰延税金資産の回収可能性を見直す

(1) IFRS

IFRS においては，繰延税金資産の回収可能性の検討について，繰延税金資
産の回収可能性に関する適用指針のような詳細なガイダンスはない。

そのため，IFRS において，一般的に下記のような事項を検討し，ポジティ
ブな証拠とネガティブな証拠の双方を検討した上で，繰延税金資産の回収可能
性を検証することになる。

・過去の課税所得の安定性や将来の展望

・ビジネスの発展段階

・将来減算一時差異が生じている資産の公正価値

・他の会計上の見積もりで使用した前提と重要な点の首尾一貫性（減損会計の使用価値の見積もり，継続企業の前提等）

次に，課税所得を見積もる期間の制限であるが，IFRS では，課税所得を見積もる期間を一定期間に制限するのは，必ずしも適切でないと考えられており，繰延税金資産の回収可能性に関する適用指針で定められた一定期間経過後も現在の利益水準が継続しないという証拠がなく，一定期間経過後の課税所得も繰延税金資産の回収可能性の検討にあたり考慮する。

また，企業の予算，利益計画等の予測期間が 3 年又は 5 年程度作成されているケースが実務上多いが，一定期間経過後の課税所得の発生可能性が高い場合には，3 年や 5 年に限らず，一定期間経過後の課税所得も考慮した上で繰延税金資産の回収可能性を考慮する。その際に，もちろん，課税所得を見込む期間が後になればなるほど，課税所得の実現可能性は低くなる。

また，後記で，日本経済団体連合会経済基盤本部から公表された税効果会計（繰延税金資産の回収可能性）に関するアンケートの概要をもとに単体ベースで日本基準の監査委員会報告第 66 号を適用し，連結で IFRS・米国基準を適用する企業の実務を分析しているので参照されたい。

(2) 日本基準

日本基準ベースの繰延税金資産の回収可能性の分類判定は，繰延税金資産の回収可能性に関する適用指針に従う。詳細は下記に要約した表を参照されたい。

企業会計基準適用指針第 26 号「繰延税金資産の回収可能性に関する適用指針」に基づく将来年度の課税所得の見積額による繰延税金資産の回収可能性の判断指針

会社の状況：分類 1
次の要件をいずれも満たす企業は，（分類 1）に該当する。 (1) 過去（3 年）及び当期の全ての事業年度において，期末における将来減算一時差異を十分に上回る課税所得が生じている。 (2) 当期末において，経営環境に著しい変化がない。

第 5 章　税効果会計　　*133*

通常の将来減算一時差異の回収可能性の判断	タックス・プランニング（含み益のある固定資産や有価証券の売却による課税所得の発生）の実現可能性の判断
繰延税金資産の全額について回収可能性が全額あり。 スケジューリング不能な将来減算一時差異に係る繰延税金資産についても回収可能性あり。	タックス・プランニングに基づく一時差異等加減算前課税所得の見積額を，将来の一時差異等加減算前課税所得の見積額に織り込んで繰延税金資産の回収可能性を考慮する必要はない。

会社の状況：分類2

次の要件をいずれも満たす企業は，（分類2）に該当する。
(1) 過去（3年）及び当期の全ての事業年度において，臨時的な原因により生じたものを除いた課税所得が，期末における将来減算一時差異を下回るものの，安定的に生じている。
(2) 当期末において，経営環境に著しい変化がない。
(3) 過去（3年）及び当期のいずれの事業年度においても重要な税務上の欠損金が生じていない。

通常の将来減算一時差異の回収可能性の判断	タックス・プランニング（含み益のある固定資産や有価証券の売却による課税所得の発生）の実現可能性の判断
一時差異等のスケジューリングの結果，繰延税金資産を見積もる場合，当該繰延税金資産は回収可能性がある。 原則として，スケジューリング不能な将来減算一時差異に係る繰延税金資産について，回収可能性がない。 ただし，スケジューリング不能な将来減算一時差異のうち，税務上の損金算入時期が個別に特定できないが，将来のいずれかの時点で損金算入される可能性が高いと見込まれるものについて，当該将来のいずれかの時点で回収できることを合理的に説明できる場合，当該スケジューリング不能な将来減算一時差異に係る繰延税金資産は回収可能性があり。	下記①及び②をいずれも満たす場合，タックス・プランニングに基づく一時差異等加減算前課税所得の見積額を，将来の一時差異等加減算前課税所得の見積額に織り込むことができる。 　① 資産の売却等に係る意思決定の有無及び実行可能性 資産の売却等に係る意思決定が，事業計画や方針等で明確となっており，かつ，資産の売却等に経済的合理性があり，実行可能である場合 　② 売却される資産の含み益等に係る金額の妥当性 売却される資産の含み益等に係る金額が，契約等で確定している場合又は契約等で確定していない場合でも，例えば，有価証券については期末の時価，不動産については期末前おおよそ1年以内の不動産鑑定評価額等の公正な評価額によっている場合

会社の状況：分類3

次の要件をいずれも満たす企業は，第26項(2)（過去（3年）において，重要な税務上の欠損金の繰越期限切れとなった事実がある。）又は(3)（当期末において，重要な税務上の欠損金の繰越期限切れが見込まれる。）の要件を満たす場合を除き，（分類3）に該当する。
(1) 過去（3年）及び当期において，臨時的な原因により生じたものを除いた課税所得が大きく増減している。
(2) 過去（3年）及び当期のいずれの事業年度においても重要な税務上の欠損金が生じていない。

通常の将来減算一時差異の回収可能性の判断	タックス・プランニング（含み益のある固定資産や有価証券の売却による課税所得の発生）の実現可能性の判断
将来の合理的な見積可能期間（おおむね5年）以内の一時差異等加減算前課税所得の見積額に基づいて，当該見積可能期間の一時差異等のスケジューリングの結果，繰延税金資産を見積る場合，当該繰延税金資産は回収可能性があり。 臨時的な原因により生じたものを除いた課税所得が大きく増減している原因，中長期計画，過去における中長期計画の達成状況，過去（3年）及び当期の課税所得の推移等を勘案して，5年を超える見積可能期間においてスケジューリングされた一時差異等に係る繰延税金資産が回収可能であることを合理的に説明できる場合，当該繰延税金資産は回収可能性があり。	①及び②をいずれも満たす場合，タックス・プランニングに基づく一時差異等加減算前課税所得の見積額を，将来の合理的な見積可能期間（おおむね5年）又は第24項に従って繰延税金資産を見積もる企業においては5年を超える見積可能期間の一時差異等加減算前課税所得の見積額に織り込むことができる。 　① 　資産の売却等に係る意思決定の有無及び実行可能性 将来の合理的な見積可能期間（おおむね5年）又は5年を超える見積可能期間においてスケジューリングされた一時差異等に係る繰延税金資産が回収可能であることを合理的に説明できる企業においては5年を超える見積可能期間に資産を売却する等の意思決定が事業計画や方針等で明確となっており，かつ，資産の売却等に経済的合理性があり，実行可能である場合 　② 　売却される資産の含み益等に係る金額の妥当性 売却される資産の含み益等に係る金額が，契約等で確定している場合又は契約等で確定していない場合でも，例えば，有価証券については期末の時価，不動産については期末前おおよそ1年以内の不動産鑑定評価額等の公正な評価額によっている場合

第5章　税効果会計　*135*

会社の状況：分類4

次のいずれかの要件を満たし，かつ，翌期において一時差異等加減算前課税所得が生じることが見込まれる企業は，（分類4）に該当する。
(1) 過去（3年）又は当期において，重要な税務上の欠損金が生じている。
(2) 過去（3年）において，重要な税務上の欠損金の繰越期限切れとなった事実がある。
(3) 当期末において，重要な税務上の欠損金の繰越期限切れが見込まれる。

通常の将来減算一時差異の回収可能性の判断	タックス・プランニング（含み益のある固定資産や有価証券の売却による課税所得の発生）の実現可能性の判断
翌期の一時差異等加減算前課税所得の見積額に基づいて，翌期の一時差異等のスケジューリングの結果，繰延税金資産を見積もる場合，当該繰延税金資産は回収可能性があり。 上記分類4の要件を満たす企業においては，重要な税務上の欠損金が生じた原因，中長期計画，過去における中長期計画の達成状況，過去（3年）及び当期の課税所得又は税務上の欠損金の推移等を勘案して，将来の一時差異等加減算前課税所得を見積る場合，将来において5年超にわたり一時差異等加減算前課税所得が安定的に生じることが合理的に説明できるときは（分類2）に該当するものとして取り扱われる。 また，左記分類4の要件を満たす企業においては，重要な税務上の欠損金が生じた原因，中長期計画，過去における中長期計画の達成状況，過去（3年）及び当期の課税所得又は税務上の欠損金の推移等を勘案して，将来の一時差異等加減算前課税所得を見積もる場合，将来においておおむね3年から5年程度は一時差異等加減算前課税所得が生じることが合理的に説明できるときは（分類3）に該当するものとして取り扱われる。	原則として，次の①及び②をいずれも満たす場合，タックス・プランニングに基づく一時差異等加減算前課税所得の見積額を，翌期の一時差異等加減算前課税所得の見積額に織り込むことができる。 　① 資産の売却等に係る意思決定の有無及び実行可能性 資産の売却等に係る意思決定が，取締役会等の承認，決裁権限者による決裁又は契約等で明確となっており，確実に実行されると見込まれる場合 　② 売却される資産の含み益等に係る金額の妥当性 売却される資産の含み益等に係る金額が，契約等で確定している場合又は契約等で確定していない場合でも，例えば，有価証券については期末の時価，不動産については期末前おおよそ1年以内の不動産鑑定評価額等の公正な評価額によっている場合

会社の状況：分類5	

次の要件をいずれも満たす企業は，（分類5）に該当する。
(1) 過去（3年）及び当期の全ての事業年度において，重要な税務上の欠損金が生じている。
(2) 翌期においても重要な税務上の欠損金が生じることが見込まれる。

通常の将来減算一時差異の回収可能性の判断	タックス・プランニング（含み益のある固定資産や有価証券の売却による課税所得の発生）の実現可能性の判断
原則として，繰延税金資産の回収可能性はない。	原則として，繰延税金資産の回収可能性の判断にタックス・プランニングに基づく一時差異等加減算前課税所得の見積額を織り込むことはできないものとする。ただし，税務上の繰越欠損金を十分に上回るほどの資産の含み益等を有しており，かつ，分類4の①及び②をいずれも満たす場合，タックス・プランニングに基づく一時差異等加減算前課税所得の見積額を，翌期の一時差異等加減算前課税所得の見積額として織り込むことができる。

5 STEP5 一時差異解消のスケジューリングを実施する

(1) IFRS

IAS12.27によると，企業は，将来減算一時差異を使用するだけの課税所得が得られる可能性が高い場合にのみ繰延税金資産を認識する。

IAS12.28によると，将来減算一時差異の使用対象となる課税所得が生じる可能性が高いといえるのは，同一の税務当局及び同一の納税企業に係る十分な将来加算一時差異があって，それが，将来減算一時差異の解消が予測される期と同じ期や繰延税金資産により生じる税務上の欠損金の繰戻し又は繰越しが可能な期に回収されると予測される場合である。

また，IAS12.29によると，同一税務当局の区域内で，同一の納税企業体内に，将来減算一時差異が解消するのと同じ期又は繰延税金資産より生じる税務上の欠損金が繰戻し若しくは繰越可能な期間に当該企業が十分課税所得を稼得される可能性が高い又は適切な期間に課税所得を生じさせるタックス・プラニング

第5章 税効果会計 137

の機会を企業が利用可能である範囲内で繰延税金資産が認識される。

　なお，企業が将来の期間に十分な課税所得を稼得するかどうかを判断するに際しては，将来の期に発生すると予想される将来減算一時差異から生じる所得は無視するとされているが，日本基準ではそのような規定はない。

　IFRS においては，一時差異の解消のスケジューリングがたたないという理由のみで繰延税金資産を計上してはならないということはなく，他の証拠により課税所得が生じる可能性が高い場合には，スケジューリング不能な一時差異に係る繰延税金資産を認識できる。

　なお，IFRS 実務を検討する際，日本経済団体連合会経済基盤本部が公表している税効果会計（繰延税金資産の回収可能性）に関するアンケートの概要（2014 年 8 月 8 日版）が参考になるため，本書でも参考にしている。

　このアンケートは，単体ベースで日本基準の監査委員会報告第66号を適用し，連結で IFRS・米国基準を適用する企業の実務を分析しており，主な内容を抜粋すると下記の通りである。

---

　①　連結において，単体での回収可能性の判断を，原則としてそのまま連結でも活用している企業もあったが，単体における判断をベースとして必要に応じて連結調整を行っている企業が多かった。

　以下の項目については，連結での調整（見直し）を行っているケースがあることが分かった。

　スケジューリング不能な将来減算一時差異の取り扱い

　「重要な税務上の繰越欠損金」に基づく会社分類（4 号・5 号）

　繰越欠損金に係る将来減算一時差異の回収可能性に係る課税所得の見積期間

　解消が長期にわたる将来減算一時差異の回収可能性に係る課税所得の見積期間

　欠損金の繰越期間等に基づくタックス・プランニングを考慮した場合の，課税所得の見積期間の見直し

---

② 少数ではあるが，連結においては，第66号の会社分類に依拠するのではなく，IFRSの規定をベースとした判断を行っている企業もあった。連結では，現在・将来の様々な要因を勘案して，回収可能性を判断している。将来の課税所得の予測に当たっては，過去の業績推移も考慮するが，66号のような，業績の安定性や重要性のある欠損金の有無といった指標で，将来の課税所得の見積年数を判断していない。

　会社に将来にわたる安定的な収益力が認められれば，一時差異のスケジューリングについて，詳細な検討を行わずに，「more likely than not」「probable」の考え方に則って，繰延税金資産を計上している。

③ 第66号のスケジューリング不能な将来減算一時差異の規定（会社分類1・2）について，連結上は，将来の課税所得の見込み，一時差異の実現可能性等をより実態に応じて判断し，調整を行ったケースが多く見られた。

　単体では，会社分類2に分類され，スケジューリング不能な将来減算一時差異については，日本基準では，繰延税金資産を計上していないが，連結では将来の課税所得を利用できる可能性が高いと判断される範囲内で繰延税金資産を認識している。

　単体で会社分類1に分類される会社において，企業として処分見込みが無い資産についてのスケジューリング不能な将来減算一時差異（売却予定のない土地の評価損/継続保有が前提である株式の評価損等）について，単体日本基準上繰延税金資産を計上しているが，連結では繰延税金資産を計上していない。

④ 第66号（会社分類4・5）では「重要な税務上の繰越欠損金」の有無で会社分類を行っているが，連結上は，将来の課税所得を適切に見積もることにより，繰延税金資産の金額を調整しているケースが多く見られた。

　単体では，重要な繰越欠損金が存在するため会社分類4とされ，翌

第5章　税効果会計　　*139*

期1年分の課税所得見込みの税効果を認識した。一方，連結では，子会社の将来利益計画に基づき，繰越欠損金を使える見込みが高いと判断できたことから，当時の中期計画4年分の課税所得見込みによる税効果を認識した。

単体では，3期連続して繰越欠損金が発生している子会社について，会社分類5とされるため，回収可能性なしと判断しており，連続して所得が発生しても，繰越欠損金が解消するまで回収可能性なしと判断している。一方，連結では，将来の課税所得を見積もり，欠損金使用期限までに欠損金を使用できる所得が見込まれれば，回収可能性ありと判断する。

(2) 日本基準

繰延税金資産の回収可能性を検討するうえでは，一時差異がどの期に解消するかのスケジューリングを行う必要がある。

繰延税金資産の回収可能性を判定するに際し，課税所得の発生時期と解消時期が明確になっている必要があり，これらが明確でない場合は，将来減算一時差異解消前の課税所得に対して将来減算一時差異を充当することにより，課税所得を減らすことで税額を減少することができるかどうかの判定ができないことになる。

一時差異がどの期に解消するかスケジューリングを行うが，一時差異には，一時差異がどの期に解消するか合理的に見積もり可能であるスケジューリング可能な一時差異と合理的な見積もりを行えないスケジューリング不能な一時差異がある。

一時差異は，通常，下記①又は②の要件を見込める場合にスケジューリング可能な一時差異となる。

① 将来の一定の事実が発生することによって，税務上損金又は益金算入の要件を充足することが見込まれる一時差異

② 会社による将来の一定の行為の実施についての意思決定又は実施計画等

の存在により，税務上損金又は益金算入の要件を充足することが見込まれる一時差異

　これらの一時差異について，期末に，将来の一定の事実の発生が見込めないこと又は将来の一定の実施についての意思決定又は実施計画等が存在しないことにより，税務上損金又は益金算入の要件を充足することが見込めない場合には，当該一時差異は，税務上の損金又は益金算入時期が明確でないため，スケジューリング不能な一時差異となる。

　企業会計基準適用指針第 26 号に基づく将来年度の課税所得の見積額による繰延税金資産の回収可能性の判断指針の通り，会社分類 1 を除き，スケジューリング不能な一時差異は，期末において将来の損金算入時期が明確となっていないため，将来の課税所得の減額が明確でないため繰延税金資産を計上できない。ただし，分類 2 の場合，原則として，スケジューリング不能な一時差異に係る繰延税金資産の回収可能性はないが，スケジューリング不能な将来減算一時差異のうち，税務上の損金算入時期が個別に特定できないが将来のいずれかの時点で損金算入される可能性が高いと見込まれるものについて，当該将来のいずれかの時点で回収できることを合理的に説明できる場合，当該スケジューリング不能な将来減算一時差異に係る繰延税金資産は回収可能性がある。

6 STEP6 回収可能性考慮後の繰延税金資産及び繰延税金負債を算定する

(1)　IFRS

　特に日本基準と異なることはない。

(2)　日本基準

　後述の「図表 5-1-4　税効果スケジューリング表に関するワークシート」で繰延税金資産の回収可能性で検討した結果を，「図表 5-1-1　税効果計算に関するワークシート」に記入して最終的に財務諸表で開示される繰延税金資産及び繰延税金負債を算定することになる。

第 5 章　税効果会計　*141*

7 STEP7 税金費用のプルーフテストを行い，税金費用の妥当性を検証する

(1) IFRS

特に日本基準と異なることはない。

(2) 日本基準

税金費用のプルーフテストを行い，税金費用の妥当性を検証することである。この税効果プルーフにより，法人税申告書及び地方税申告書で算定した法人税，住民税及び事業税と税効果会計で算定した法人税等調整額の算定の適切性を検証できる。

4 IFRS における税効果会計の設例解説

　ポイントとなる 7 つのステップを，STEP1，STEP3，STEP6 は「図表 5-1-1 税効果シート①　税効果計算に関するワークシート」，STEP2 は「図表 5-1-2 税効果シート②　法定実効税率算定に関するワークシート」，STEP4 は「図表 5-1-3 税効果シート③　繰延税金資産の回収可能性　会社分類判定に関するワークシート」，STEP5 は「図表 5-1-4 税効果シート④　税効果スケジューリング表に関するワークシート」，STEP7 は「図表 5-1-5 税効果シート⑤　税効果プルーフに関するワークシート」の 5 つのシートに主要論点を落とし込むことにより整理する。

　また，税効果会計の理解を深めるために，「所得の金額に関する明細書別表四」，「利益積立金額及び資本金等の額の計算に関する明細書別表五（一）」，「欠損金又は災害損失金の損金算入に関する明細書別表七（一）」を利用する。

　章末に，設例で利用した法人税申告書別表を掲載したので参照されたい。

　税効果会計で利用する設例の前提条件は以下の通りである。

　福留聡㈱の 2017 年 3 月期の決算における税効果会計の計算を，税効果会計基準の実務上のポイントを 7 つのステップの順に説明するが，実務上の有用性を考え，法人税申告書の別表四，別表五（一），別表七（一）を利用して説明していく。

　従って税効果会計の計算は，法人税申告書の別表四，別表五（一），別表七（一）の数字が前提になる。

　なお，福留聡㈱は東京都に本社を有し，支店は有していないものとする。

第 5 章　税効果会計　*143*

I STEP1 一時差異等を把握する

個別財務諸表における税効果会計の STEP1 は，一時差異等を把握することである。

本設例では，以下のものが一時差異に該当する。

① 収益又は費用の帰属年度が相違するから生じる差額

本設例では，未払事業税，貸倒引当金（流動），貸倒引当金（固定），賞与引当金，賞与引当金（社会保険料），確定給付に係る負債，減価償却超過額（機械装置），減価償却超過額（建物），役員退職慰労引当金，土地減損損失，建物減損損失，固定資産圧縮積立金，有形固定資産（除去資産），資産除去債務が該当する。

② 資産の評価替えにより生じた評価差額が直接資本の部に計上され，かつ，課税所得の計算に含まれていない場合の当該差額

本設例では，その他有価証券評価差額金が該当する。

本設例の税務上の繰越欠損金は，一時差異ではないが，繰越期間に課税所得が生じた場合，課税所得を減額でき，その結果として納付税額が減額されるため，税金の前払いの効果のある一時差異と同様の税効果を有するものとして取り扱う。

本設例では，将来減算一時差異は，未払事業税，貸倒引当金（流動），貸倒引当金（固定），賞与引当金，賞与引当金（社会保険料），確定給付に係る負債，減価償却超過額（機械装置），減価償却超過額（建物），役員退職慰労引当金，土地減損損失，建物減損損失が該当し，将来加算一時差異は，固定資産圧縮積立金，売却可能金融資産評価損益が該当する。

なお，資産除去債務は，資産除去債務と対応する資産を別個に取り扱う場合は，資産除去債務は取引時点において，資産及び負債を同額計上し，会計上の利益にも課税所得にも影響しない取引に該当し，繰延税金資産及び繰延税金負債は当初認識されない。

一時差異及び繰越欠損金を併せて一時差異等として扱い，将来減算一時差異及び繰越欠損金に法定実効税率を乗じて算定したものが繰延税金資産となり，将来加算一時差異に法定実効税率を乗じて算定したものが繰延税金負債となる。

　なお，一時差異に対峙する概念として永久差異があり，永久差異とは，税引前当期純利益の計算において，費用又は収益として計上されるが，課税所得の計算上は，永久に損金又は益金に算入されない項目をいい，将来，課税所得の計算上で加算又は減算させる効果を持たないため，一時差異等には該当せず，税効果会計の対象とならない。本設例では，交際費，役員賞与，寄附金，受取配当金が該当する。

　一時差異等は法人税申告書の別表五（一）及び別表七（一）から把握できる。一時差異は主に，別表五（一）の項目を漏れなく抽出して「図表5-1-1 税効果シート① 税効果計算に関するワークシート」に転記する。但し，未払事業税は，別表五（一）の納税充当金から未納法人税，未納道府県民税及び未納市町村民税を差引いた金額を転記するか又は納付税額一覧表又は事業税・都道府県民税内訳表から転記する。また，繰越欠損金は一時差異ではないが，一時差異と同様の税効果を有するため，一時差異に準ずるものとして取り扱われるため，「図表5-1-1 税効果シート① 税効果計算に関するワークシート」に入力する。繰越欠損金の数字は，別表七（一）から転記する。

　「図表5-1-1 税効果シート① 税効果計算に関するワークシート」に転記された一時差異等と法人税申告書別表の関係を整理すると以下のようになる。

・貸倒引当金（流動），貸倒引当金（固定），賞与引当金，賞与引当金（社会保険料），確定給付に係る負債，減価償却超過額（機械装置），減価償却超過額（建物），役員退職慰労引当金，土地減損損失，建物減損損失，固定資産圧縮積立金，売却可能金融資産評価損益否認 →別表五（一）

・未払事業税 →別表五（一）の納税充当金から未納法人税等（未納法人税，未納道府県民税及び未納市町村民税の合計）を差引いた金額又は納税一覧表又は事業税・都道府県民税内訳表の事業税及び地方法人特別税

・繰越欠損金 →別表七（一）

別表五（一）Ｉ利益積立金額の計算に関する明細書に記載されている項目のうち，利益準備金，繰越損益金，納税充当金，未納法人税，未納道府県民税，繰延税金資産，繰延税金負債，売却可能金融資産評価損益，役員賞与引当金は，一時差異として扱われない。

　売却可能金融資産評価損益，役員賞与引当金が一時差異として取り扱われない理由はそれぞれ下記の通りである。

　売却可能金融資産評価損益については，会計上と税務上の純資産額の相違となるため，別表五（一）に「売却可能金融資産評価損益否認」として記入され，税効果会計の対象になる。

　一方，「売却可能金融資産評価損益金否認」は損益や課税所得に影響を与えないため，別表四には記入されず，法人税，住民税及び事業税，法人税等調整額に影響する収益又は費用の帰属年度の相違から生じる差額である期間差異には該当しない。

　別表五（一）では，売却可能金融資産評価損益否認の金額が，貸借対照表に計上される売却可能金融資産評価損益と売却可能金融資産評価損益に係る繰延税金負債合計の金額と相殺され０となるように調整される。

利益積立金額及び資本金等の額の計算に関する明細書		事業年度	平28・4・1 平29・3・31	法人名	福留聡株式会社
Ｉ　利益積立金額の計算に関する明細書					
区　　分		期　首　現　在 利益積立金額 ①	当　期　中　の　増　減		差引翌期首現在 利益積立金額 ④
			減 ②	増 ③	
売却可能金融資産評価損益否認　3		△ 500,000	△ 500,000	△ 300,000	△ 300,000
売却可能金融資産評価損益　4		338,300	338,300	202,980	202,980
繰延税金負債（売却可能金融資産評価損益）　5		161,700	161,700	97,020	97,020

　役員賞与引当金は，引当金を計上した段階では，未確定債務として税務上，損金算入が否認され，別表四で役員賞与引当金否認として「留保」として処理される。一方，引当金を計上した役員賞与は確定時にも法人税法34条に記載されている定期同額給与等一定の要件を満たしたものを除き，原則として損金算入されない。

　具体的には，確定時に，役員賞与引当金として引当金を計上していた金額を別表四で役員賞与引当金認容として減算・留保処理を行うと同時に，確定額を

役員賞与否認として加算・社外流出処理される。

　つまり，税効果会計に関するＱ＆ＡのQ2によると，会計上費用処理された役員賞与のうち，将来にわたって損金に算入されないものは，将来減算一時差異に該当せず，税効果会計の対象にならない。

　上記の通り，一時差異等を把握した後，未払事業税，繰越欠損金を除く一時差異等は，「図表5-1-1 税効果シート①　税効果計算に関するワークシート」のＡ欄の前期末残高に別表五（一）の期首現在利益積立金額の金額を転記し，Ｂ欄の加算に別表五（一）の当期の増減の増の金額を転記し，Ｃ欄の減算に別表五（一）の当期の増減の減の金額を転記することによりＤ欄の期末残高を算定する。Ｄ欄の期末残高は，別表五（一）の差引翌期首現在利益積立金額に一致する。

利益積立金額及び資本金等の額の計算に関する明細書

事業年度	平28・4・1 平29・3・31	法人名	福留聡株式会社

別表五(一)　平二十八・四・一以後終了事業年度分

I 利益積立金額の計算に関する明細書

区　分		期首現在利益積立金額 ①	当期の増減 減 ②	当期の増減 増 ③	差引翌期首現在利益積立金額 ①-②+③ ④
利 益 準 備 金	1	5,000,000円	円	円	5,000,000円
固定資産圧縮積立金	2			6,766,000	6,766,000
売却可能金融資産評価損益否認	3	△500,000	△500,000	△300,000	△300,000
売却可能金融資産評価損益	4	338,300	338,300	202,980	202,980
繰延税金負債(売却可能金融資産評価損益)	5	161,700	161,700	97,020	97,020
減価償却超過額(機械装置)	6	150,000	70,000	100,000	180,000
賞 与 引 当 金	7	38,000,000	38,000,000	30,000,000	30,000,000
賞与引当金(社会保険料)	8	5,240,000	5,240,000	4,200,000	4,200,000
役員退職慰労引当金	9	3,500,000		1,000,000	4,500,000
確定給付に係る負債	10	4,000,000	50,000	300,000	4,250,000
役員賞与引当金	11	1,800,000	1,800,000	1,000,000	1,000,000
土 地 減 損 損 失	12			54,000,000	54,000,000
貸倒引当金(固定)	13			2,000,000	2,000,000
圧縮積立金認定損	14		10,000,000		△10,000,000
有給休暇引当金	15	10,000,000	10,000,000	10,000,000	10,000,000
有形固定資産(除去資産)	16	△10,000,000		500,000	△9,500,000
資 産 除 去 債 務	17	10,000,000		200,000	10,200,000
減価償却超過額(建物)	18			10,000,000	10,000,000
建 物 減 損 損 失	19			36,000,000	36,000,000
繰延税金資産(法人税等調整額)	20	△88,425,250		32,712,874	△55,712,376
貸倒引当金(流動)	21	20,000,000	20,000,000	30,000,000	30,000,000
	22				
	23				
	24				
	25				
繰 越 損 益 金 (損 は 赤)	26	1,088,468,000	1,088,468,000	1,156,876,632	1,156,876,632
納 税 充 当 金	27	6,265,000	6,265,000	38,288,200	38,288,200
未納法人税等　未納法人税、未納地方法人税及び未納復興特別法人税(附帯税を除く。)	28		△	中間 △ / 確定 △23,400,000	△23,400,000
未納道府県民税(均等割額及び利子割額を含む。)	29	△265,000	△530,000	中間 △265,000 / 確定 △4,843,800	△4,843,800
未納市町村民税(均等割額を含む。)	30	△	△	中間 △ / 確定 △	△
差 引 合 計 額	31	1,093,732,750	1,179,363,000	1,385,434,906	1,299,804,656

II 資本金等の額の計算に関する明細書

区　分		期首現在資本金等の額 ①	当期の増減 減 ②	当期の増減 増 ③	差引翌期首現在資本金等の額 ①-②+③ ④
資 本 金 又 は 出 資 金	32	500,000,000円	円	円	500,000,000円
資 本 準 備 金	33				
	34				
	35				
差 引 合 計 額	36	500,000,000			500,000,000

法　0301-0501

御注意

1　この表は、通常の場合には次の算式により検算ができます。

期首現在利益積立金額合計「31」① ＋ 別表四留保所得金額又は欠損金額「47」 － 中間分、確定分法人税県市民税の合計額 ＝ 差引翌期現在利益積立金額合計「31」④

2　発行済株式又は出資のうちに二以上の種類の株式がある場合には、法人税法施行規則別表五(一)付表(別表五(一)付表)の記載が必要となりますので御注意ください。

図表 5-1-1　税効果シート①　税効果計算に関するワークシート

会社名：福留聡株式会社　　事業年度：2017 年 3 月期

項目	A　前期末残高 ＝別表五(一)期 首現在利益積立 金額	B　加算 ＝別表五(一)当 期中の増減の増	C　減算 ＝別表五(一)当 期中の増減の減	D　期末残高 ＝別表五(一)差 引翌期首現在利 益積立金額
賞与引当金	38,000,000	30,000,000	38,000,000	30,000,000
未払事業税(注1)	6,000,000	10,044,400	6,000,000	10,044,400
賞与引当金(社会保険料)	5,240,000	4,200,000	5,240,000	4,200,000
貸倒引当金(流動)	20,000,000	30,000,000	20,000,000	30,000,000
有給休暇引当金	10,000,000	10,000,000	10,000,000	10,000,000
確定給付に係る負債	4,000,000	300,000	50,000	4,250,000
減価償却超過額(機械装置)	150,000	100,000	70,000	180,000
役員退職慰労引当金	3,500,000	1,000,000	—	4,500,000
土地減損損失	—	54,000,000		54,000,000
貸倒引当金(固定)	—	2,000,000		2,000,000
減価償却超過額(建物)	—	10,000,000		10,000,000
建物減損損失	—	36,000,000		36,000,000
繰越欠損金(注2)	200,000,000	—	150,000,000	50,000,000
合計	286,890,000	187,644,400	229,360,000	245,174,400

固定資産圧縮積立金	—	(10,000,000)	—	(10,000,000)
売却可能金融資産評価損益	(500,000)	(300,000)	(500,000)	(300,000)
合計	(500,000)	(10,300,000)	(500,000)	(10,300,000)

　未払事業税は，上記で説明したように，別表五（一）の納税充当金から未納
法人税等（未納法人税，未納道府県民税及び未納市町村民税の合計）を差引い
た金額を，別表五（一）の他の項目と同様に転記するか又は納付税額一覧表又
は事業税・都道府県民税内訳表から，「図表 5-1-1 税効果シート①　税効果計
算に関するワークシート」の前期末残高と減算に前期末の差引納付額を転記し，
加算と期末残高に当期末の差引納付額を転記する。

　本設例では，「図表 5-1-1 税効果シート①　税効果計算に関するワークシー
ト」に別表五（一）から転記する場合，前期末残高に別表五（一）の期首現在
利益積立金額の項目 27／納税充当金 6,265,000 円，項目 28／未納法人税 0 円,
項目 29／未納道府県民税△265,000 円及び項目 30／未納市町村民税 0 円の
合計 6,000,000 円を転記する。同様に加算に別表五（一）の当期の増減の増
から転記するが，項目 27／納税充当金 38,288,200 円，項目 28／未納法人税

の確定△23,400,000 円，項目 29／未納道府県民税の確定△4,843,800 円，項目 30／未納市町村民税の確定 0 円の合計 10,044,400 円を転記する。なお，項目 29／未納道府県民税の中間△265,000 円は，当期の増減の減で，期首の△530,000 円とともに解消されるため，考慮しない。減算には，当期増減の減から転記するが，項目 27／納税充当金 6,265,000 円，項目 28／未納法人税 0 円，項目 29／未納道府県民税△265,000 円及び項目 30／未納市町村民税 0 円の合計 6,000,000 円を転記する。項目 29／未納道府県民税△265,000 円は加算のところで説明したように，当期の増減の増と当期の増減の減で期中に増加するが即時に解消されるため，加算及び減算とも考慮しない。

　期末残高は，別表五（一）の差引翌期首現在利益積立金額から転記するが，項目 27／納税充当金 38,288,200 円，項目 28／未納法人税の確定△23,400,000 円，項目 29／未納道府県民税の確定△4,843,800 円，項目 30 未納市町村民税の確定 0 円の合計 10,044,400 円を転記する。

　繰越欠損金は，「図表 5-1-1 税効果シート① 税効果計算に関するワークシート」の前期末残高に別表七（一）の控除未決済欠損金額の計を転記し，加算に別表七（一）の当期分の欠損金額を転記し，減算に別表七（一）の当期控除額を転記し，期末残高を算定する。期末残高は，別表七（一）の翌期繰越額に一致する。

⑤ 欠損金又は災害損失金の損金算入に関する明細書

| 事業年度 | 平28・4・1
平29・3・31 | 法人名 | 福留聡株式会社 |

別表七(一) 平二十八・四・一以後終了事業年度分

| 控除前所得金額
(別表四「37の①」−(別表七(二)「9」又は「21」)) | 1 | 250,000,000 円 | 所得金額控除限度額
(1) × $\frac{50、55、60、65又は100}{100}$ | 2 | 162,500,000 円 |

事業年度	区　　分	控除未済欠損金額 3	当期控除額 当該事業年度の(3)と((2)−当該事業年度前の(4)の合計額)のうち少ない金額 4	翌期繰越額 (((3)−(4)又は別表七(三)「15」) 5
・　・	青色欠損・連結みなし欠損・災害損失	円	円	
平27・4・1 平28・3・31	青色欠損・連結みなし欠損・災害損失	200,000,000	150,000,000	50,000,000
・　・	青色欠損・連結みなし欠損・災害損失			
・　・	青色欠損・連結みなし欠損・災害損失			
・　・	青色欠損・連結みなし欠損・災害損失			
・　・	青色欠損・連結みなし欠損・災害損失			
・　・	青色欠損・連結みなし欠損・災害損失			
・　・	青色欠損・連結みなし欠損・災害損失			
	計	200,000,000	150,000,000	50,000,000
当期分	欠　損　金　額 (別表四「47の①」)		欠損金の繰戻し額	
	同上のうち 災害損失金 (13)			
	同上のうち 青色欠損金			
	合　　計			50,000,000

災害により生じた損失の額の計算				
災　害　の　種　類			災害のやんだ日又はやむを得ない事情のやんだ日	平　・　・
災害を受けた資産の別		棚卸資産 ①	固定資産 (固定資産に準ずる繰延資産を含む。) ②	計 ①＋② ③
当期の欠損金額 (別表四「47の①」)	6			円
資産の滅失等により生じた損失の額	7	円	円	
被害資産の原状回復のための費用等に係る損失の額	8			
被害の拡大又は発生の防止のための費用に係る損失の額	9			
計 (7)＋(8)＋(9)	10			
保険金又は損害賠償金等の額	11			
差引災害により生じた損失の額 (10)−(11)	12			
繰越控除の対象となる損失の額 ((6の③)と(12の③)のうち少ない金額)	13			

法　0301−0701

Ⅱ STEP2 法定実効税率を算定する

税効果会計の STEP2 は，法定実効税率を算定することである。法定実効税率は，個別財務諸表における税効果会計に関する実務指針第17項に従い算定される。

なお，IFRS において，法定実効税率の算定式を定めた規定はないが，日本基準と同様である。

個別財務諸表における税効果会計に関する実務指針第17項によると，法定実効税率は，繰越外国税額控除に係る繰延税金資産を除き，繰延税金資産及び繰延税金負債の計算に使われる税率であり，事業税の損金算入の影響を考慮した税率になる。

なお，事業税の課税標準には所得割，外形標準課税の付加価値割，資本割があるが，外形標準課税による税率は，利益に関連する金額を課税標準とする税金ではないため，法定実効税率の算式に含まれる事業税率には外形標準課税の税率は含まない。

法定実効税率の算定式は以下の通りである。

$$法定実効税率＝\frac{法人税率×\{1＋住民税率(法人税割)\}＋(事業税率(所得割)＋事業税標準税率(所得割)×地方法人特別税率)}{1＋(事業税率(所得割)＋事業税標準税率(所得割)×地方法人特別税率)}$$

上記の算定式をもとに2017年3月期の法定実効税率を算定すると以下のようになる。

$$法定実効税率\ 30.86\ \%＝\frac{23.4\ \%×(1＋20.7\ \%)＋(0.7\ \%＋0.7\ \%×414.2\ \%)}{1＋(0.7\ \%＋0.7\ \%×414.2\ \%)}$$

なお，下記は，東京都23区所在の資本金が1億円を超える外形標準課税適用法人を前提としており，別表五（一）のⅡ 資本金等の額の計算に関する明細書によると，福留聡株式会社は資本金5億円の会社であるため，外形標準

152

課税適用法人になる。

　法定実効税率は，外形標準課税法人であるかどうか及び課税団体（都道府県）が異なることにより，住民税率（法人税割），事業税率（所得割），事業税標準税率（所得割），地方法人特別税率が相違するため異なってくる。

　なお，2018年3月期から地方法人特別税は廃止され，法人事業税が復元されるが，その場合の法定実効税率の算定式は以下の通りである。

$$法定実効税率＝\frac{法人税率×\{1＋住民税率（法人税割）\}＋事業税率（所得割）}{1＋事業税率（所得割）}$$

　上記の算定式をもとに2018年3月期の法定実効税率を算定すると以下のようになる。

$$法定実効税率　30.86\％＝\frac{23.4\％×(1＋20.7\％)＋3.78\％}{1＋3.78\％}$$

　上記の算定式をもとに2019年3月期の法定実効税率を算定すると以下のようになる。

$$法定実効税率　30.62\％＝\frac{23.2\％×(1＋20.7\％)＋3.78\％}{1＋3.78\％}$$

　IAS12.47に従い，繰延税金資産及び負債は，報告期間の末日における法定税率又は実質的法定税率に基づいて，資産が実現する期又は負債が決済される期に適用されると予想される税率で算定しなければならない。そのため，東京都23区所在の会社である福留聡株式会社では，2016年4月1日以降に回収又は支払いが見込まれる繰延税金資産又は繰延税金負債は30.86％の税率に基づいて算定され，2018年4月1日以降に回収又は支払いが見込まれる繰延税金資産又は繰延税金負債は30.62％の税率に基づいて算定される。

　上記の法定実効税率の算式を，ワークシートを用いて計算すると下記図表5-1-2のようになる。

第5章　税効果会計　　153

図表 5-1-2　税効果シート②　法定実効税率算定に関するワークシート

【東京都（平成 28 年度税制改正）】

法人税率(H28/4〜H30/3)	23.40%
法人税率(H30/4〜)	23.20%
地方法人税率	4.40%
県(都)民税率(超過税率)	16.30%
県(都)民税率(標準税率)	3.20%
市民税率(標準税率)	9.70%
小計　住民税率(超過税率)	20.70%
地方法人税率(H29/4〜)	10.30%
県(都)民税率(H29/4〜)	1.00%
市民税率(H29/4〜)	6.00%
改正前の超過税率と標準税率の差分(H29/4〜)	3.40%
小計　住民税率(H29/4〜)	20.70%
事業税率(標準税率)(H28/4〜H29/3)	0.70%
事業税率(超過税率)(H28/4〜〜H29/3)	0.88%
地方法人特別税率(H28/4〜〜H29/3)	414.20%
小計　事業税率(H28/4〜H29/3)	3.78%
事業税率(標準税率)（H29/4〜)	3.60%
改正前の超過税率と標準税率の差分(H29/4〜)	0.18%
事業税率(超過税率)（H29/4〜)	3.78%
2016(H28)/4〜法定実効税率	30.86%
2017(H29)/4〜法定実効税率	30.86%
2018(H30)/4〜法定実効税率	30.62%

【法定実効税率】

$$30.86\% = \frac{23.4\% \times (1+20.7\%) + (0.7\% + 0.7\% \times 414.2\%)}{1 + (0.7\% + 0.7\% \times 414.2\%)}$$

$$30.86\% = \frac{23.4\% \times (1+20.7\%) + 3.78\%}{1 + 3.78\%}$$

$$30.62\% = \frac{23.2\% \times (1+20.7\%) + 3.78\%}{1 + 3.78\%}$$

Ⅲ STEP3 回収可能性考慮前の繰延税金資産及び繰延税金負債を算定する

税効果会計の STEP3 は，回収可能性考慮前の繰延税金資産及び繰延税金負債を算定することである。ここでは，繰延税金資産の回収可能性の会社分類の判定やスケジューリング等，回収可能性を考慮する前の繰延税金資産及び繰延税金負債を算定することが目的であるので，税効果会計の STEP1 で把握した一時差異等の期末残高に平成 2017 年 3 月時点の法定実効税率 30.86 ％を乗じて評価性引当額控除前繰延税金資産 E を算定する。

なお，回収不能一時差異である土地減損損失 54,000,000 円のみ 30.62 ％を乗じている。

図表 5-1-1　税効果シート①　税効果計算に関するワークシート

会社名：福留聡株式会社　　　事業年度：2017 年 3 月期

項目	A　前期末残高 ＝別表五(一)期首現在利益積立金額	B　加算 ＝別表五(一)当期中の増減の増	C　減算 ＝別表五(一)当期中の増減の減	D　期末残高 ＝別表五(一)差引翌期首現在利益積立金額	E 評価性引当額控除前繰延税金資産
賞与引当金	38,000,000	30,000,000	38,000,000	30,000,000	9,258,000
未払事業税 (注 1)	6,000,000	10,044,400	6,000,000	10,044,400	3,099,702
賞与引当金 (社会保険料)	5,240,000	4,200,000	5,240,000	4,200,000	1,296,120
貸倒引当金 (流動)	20,000,000	30,000,000	20,000,000	30,000,000	9,258,000
有給休暇引当金	10,000,000	10,000,000	10,000,000	10,000,000	3,086,000
確定給付に係る負債	4,000,000	300,000	50,000	4,250,000	1,311,550
減価償却超過額(機械装置)	150,000	100,000	70,000	180,000	55,548
役員退職慰労引当金	3,500,000	1,000,000	－	4,500,000	1,388,700
土地減損損失	－	54,000,000	－	54,000,000	16,534,800
貸倒引当金 (固定)	－	2,000,000	－	2,000,000	617,200

第 5 章　税効果会計　　*155*

減価償却超過額(建物)	−	10,000,000	−	10,000,000	3,086,000
建物減損損失	−	36,000,000	−	36,000,000	11,109,600
繰越欠損金(注2)	200,000,000	−	150,000,000	50,000,000	15,430,000
合計	286,890,000	187,644,400	229,360,000	245,174,400	75,531,220

固定資産圧縮積立金	−	(10,000,000)	−	(10,000,000)	(3,086,000)
売却可能金融資産評価損益	(500,000)	(300,000)	(500,000)	(300,000)	(92,580)
合計	(500,000)	(10,300,000)	(500,000)	(10,300,000)	(3,178,580)

Ⅳ　STEP4 日本基準ベースで繰延税金資産の回収可能性の分類判定を実施後，日本基準との差異を考慮し，IFRS ベースで繰延税金資産の回収可能性を見直す

　税効果会計の STEP4 は，繰延税金資産の回収可能性の分類判定をすることである。

　IFRS を適用している日本の上場企業の多くは，まず，単体ベースで日本基準の企業会計基準適用指針第 26 号の繰延税金資産の回収可能性に関する適用指針に従い 5 分類し，必要に応じて連結ベースで IFRS に従い繰延税金資産の回収可能性を見直し，繰延税金資産の計上額を修正している。

　そのため，本設例でもまずは，企業会計基準適用指針第 26 号の繰延税金資産の回収可能性に関する適用指針に従い 5 分類を行う。

　企業会計基準適用指針第 26 号に基づき，「図表 5-1-3 税効果シート③　繰延税金資産の回収可能性　会社分類判定に関するワークシート」へ繰延税金資産の回収可能性の会社分類判定に関して重要となる数値を整理する。

図表 5-1-3　税効果シート③　繰延税金資産の回収可能性　会社分類判定に関するワークシート

会社名：福留聡株式会社　　事業年度：2017 年 3 月期　　企業会計基準適用指針第 26 号分類：分類 3

会社の過去の課税所得並びに将来減算一時差異と将来の一時差異等加減算前課税所得見積額の推移（企業会計基準適用指針第 26 号）　　（単位：円）

	2014 年 3 月期	2015 年 3 月期	2016 年 3 月期	2017 年 3 月期	2018 年 3 月期	2019 年 3 月期	2020 年 3 月期	2021 年 3 月期	2022 年 3 月期
課税所得（繰越欠損金控除前で臨時的な原因により生じたものを除く）	50,000,000	100,000,000	20,000,000	250,000,000	N/A	N/A	N/A	N/A	N/A
課税所得（繰越欠損金控除前）	51,000,000	110,000,000	(200,000,000)	250,000,000	N/A	N/A	N/A	N/A	N/A
将来減算一時差異	52,500,000	50,000,000	86,890,000	195,174,400	N/A	N/A	N/A	N/A	N/A
繰越欠損金	0	0	200,000,000	50,000,000	N/A	N/A	N/A	N/A	N/A
将来の一時差異等加減算前課税所得見積額	N/A	N/A	N/A	N/A	57,800,000	57,800,000	57,800,000	57,800,000	57,800,000

① 課税所得は繰越欠損金控除前で臨時的な原因により生じたものを除くため，別表四の 39 差引計の金額をベースで臨時的な原因により生じたものを除く

② 課税所得は繰越欠損金控除前で別表四の 39 差引計の金額

③ 将来減算一時差異は「図表 5-1-1 税効果シート① 税効果計算に関するワークシート」で集計し，期末残高合計から繰越欠損金残高を差引いた金額

④ 繰越欠損金は別表七（一）の合計の翌期繰越額

⑤ 将来の一時差異等加減算前課税所得は「図表 5-1-4 税効果シート④　税効果スケジューリング表に関するワークシート」表の差引課税所得②＋将来減算一時差異解消額－将来加算一時差異の解消予定額－その他恒常的加減算項目で算定した金額

　福留聡株式会社の分類は，「図表 5-1-3 税効果シート③　繰延税金資産の回収可能性　会社分類判定に関するワークシート」の数値の推移を見る限り，企業会計基準適用指針第 26 号に従うと，過去（3 年）又は当期において，重要な税務上の欠損金が生じている分類 4 の会社になるが，重要な税務上の欠損金が生じた原因，中長期計画，過去（3 年）及び当期の課税所得又は税務上の

第 5 章　税効果会計　*157*

欠損金の推移等を勘案して，将来の一時差異等加減算前課税所得を見積もった結果，将来において概ね5年程度は一時差異等加減算前課税所得が生じることが合理的に説明できるため，（分類3）に該当するものとして取り扱う。

　なお，臨時的な原因により生じたものを除いた課税所得が大きく増減しているため分類2としては取り扱わないものとする。

　分類3の場合は，将来の合理的な見積可能期間（概ね5年）以内の一時差異等加減算前課税所得の見積額に基づいて，当該見積可能期間の一時差異等のスケジューリングの結果，繰延税金資産を見積もる場合，当該繰延税金資産は回収可能性があり，臨時的な原因により生じたものを除いた課税所得が大きく増減している原因，中長期計画，過去における中長期計画の達成状況，過去（3年）及び当期の課税所得の推移等を勘案して，5年を超える見積可能期間においてスケジューリングされた一時差異等に係る繰延税金資産が回収可能であることを合理的に説明できる場合，当該繰延税金資産は回収可能性があるとされている。

　なお，IFRSでは，課税所得を見積もる期間を一定期間に制限するのは，必ずしも適切でないと考えられており，繰延税金資産の回収可能性に関する適用指針で定められた一定期間経過後も現在の利益水準が継続しないという証拠がなく，通常，企業の予算，利益計画等の予測期間が3年又は5年程度作成されているケースが実務上多いが，一定期間経過後の課税所得の発生可能性が高い場合には，3年や5年に限らず，一定期間経過後の課税所得も考慮した上で繰延税金資産の回収可能性を考慮する。

　そのため，本設例においても，まずは5年間の事業計画に基づき，5年間の課税所得に基づき繰延税金資産の回収可能性を検討するが，5年経過後も，5年間の事業計画の数字の推移をベースに，5年経過後に解消される一時差異の回収可能性を考慮する。

V ［STEP5］一時差異解消のスケジューリングを実施する

　繰延税金資産の回収可能性を検討する上では，一時差異がどの期に解消するかのスケジューリングを行う必要がある。

　税効果のスケジューリングに基づく繰延税金資産の回収可能性も，まずは，日本基準で判定し，その後 IFRS に修正する。

　繰延税金資産の回収可能性を判定するに際し，課税所得の発生時期と解消時期が明確になっている必要があり，これらが明確でない場合は，将来減算一時差異解消前の課税所得に対して将来減算一時差異を充当することにより，課税所得を減らすことで税額を減少することができるかどうかの判定ができないことになる。

　一時差異がどの期に解消するかスケジューリングを行うが，一時差異には，一時差異がどの期に解消するか合理的に見積もり可能であるスケジューリング可能な一時差異と合理的な見積もりを行えないスケジューリング不能な一時差異がある。

　一時差異は，通常，下記①又は②の要件を見込める場合にスケジューリング可能な一時差異となる。

① 将来の一定の事実が発生することによって，税務上損金又は益金算入の要件を充足することが見込まれる一時差異

② 会社による将来の一定の行為の実施についての意思決定又は実施計画等の存在により，税務上損金又は益金算入の要件を充足することが見込まれる一時差異

　これらの一時差異について，期末に，将来の一定の事実の発生が見込めないこと又は将来の一定の実施についての意思決定又は実施計画等が存在しないことにより，税務上損金又は益金算入の要件を充足することが見込めない場合に

図表 5-1-4　税効果シート④　税効果スケジューリング表に関するワークシート

会社名：福留聡株式会社　事業年度：2017年3月期　企業会計基準適用指針第26号分類：分類3（概ね5年以内のスケジューリング

分類	項目	記号	当期末残	2018年3月期 実効税率30.86%	2019年3月期 実効税率30.62%	2020年3月期 実効税率30.62%	2021年3月期 実効税率30.62%	2022年3月期 実効税率30.62%	5年超解消
課税所得①	税引前当期純利益			50,000,000	50,000,000	50,000,000	50,000,000	50,000,000	
	損金不算入項目（交際費）			8,000,000	8,000,000	8,000,000	8,000,000	8,000,000	
	損金不算入項目（寄付金）			1,000,000	1,000,000	1,000,000	1,000,000	1,000,000	
	益金不算入項目（受取配当金）			△1,500,000	△1,500,000	△1,500,000	△1,500,000	△1,500,000	
	退職給付引当金			300,000	300,000	300,000	300,000	300,000	
	その他恒常的加減算項目			50,200,000					
	小計			108,000,000	57,800,000	57,800,000	57,800,000	57,800,000	
	将来加算一時差異解消予定額								
	固定資産圧縮積立金		10,000,000	500,000	500,000	500,000	500,000	500,000	7,500,000
	タックスプランニング（土地売却等）	ア							
	その他調整								
	課税所得①　合計	A		108,500,000	58,300,000	58,300,000	58,300,000	58,300,000	
将来減算一時差異解消予定額	賞与引当金		30,000,000	30,000,000					−
	賞与引当金（社会保険料）		4,200,000	4,200,000					−
	未払事業税		10,044,400	10,044,400					−
	貸倒引当金（流動）		30,000,000	30,000,000					−
	有給休暇引当金		10,000,000	10,000,000					−
	確定給付に係る負債		4,250,000	50,000	50,000	50,000	50,000	50,000	4,000,000
	減価償却超過額（機械装置）		180,000	30,000	30,000	30,000	30,000	30,000	30,000
	役員退職慰労引当金		4,500,000		1,000,000		1,500,000	1,000,000	1,000,000
	土地減損失		54,000,000						54,000,000
	貸倒引当金（固定）		2,000,000						2,000,000
	減価償却超過額（建物）		10,000,000	500,000	500,000	500,000	500,000	500,000	7,500,000
	建物減損失		36,000,000	1,800,000	1,800,000	1,800,000	1,800,000	1,800,000	27,000,000
	計	B	195,174,400	86,624,400	3,380,000	2,380,000	3,880,000	3,380,000	
	回収可能額	C	99,644,400	86,624,400	3,380,000	2,380,000	3,880,000	3,380,000	
	回収不能・繰越欠損金発生	イ		−	−	−	−	−	
	差引課税所得②	ウ			21,875,600	54,920,000	55,920,000	54,420,000	54,920,000
	（スケジューリング不能のうち将来の課税所得を利用できない可能性が高い額）土地減損失	エ	54,000,000						
	計	D	54,000,000						
		オ							
繰越欠損金	当期末残		50,000,000	37,968,420	10,508,420	−	−	−	
	2018年3月期			−					
	2019年3月期								
	2020年3月期								
	2021年3月期								
	2022年3月期								
	未回収残高	E	50,000,000	37,968,420	10,508,420	−	−	−	
	回収可能額	F	50,000,000	12,031,580	27,460,000	10,508,420	−		
	回収不能額	G							
繰延税金資産（資産計上）	回収可能額		149,644,400						
	長期解消項目一時差異	カ	11,500,000						
	スケジューリング不能で将来の課税所得を利用できる可能性が高い		30,030,000						
	回収可能額　合計		191,174,400						
	税率		30.86%						
	金額		58,996,420						
	税率変更による減少額		△222,044						
	金額		58,774,376						
資産不計上	回収不能額		54,000,000						
	税率		30.62%						
	金額		16,534,800						

160

の範囲内で回収可能）

(単位：円)

スケジューリング	記載要領
	経営計画数値を記載。
	経営計画に織り込んでいる交際費を戻し5年分記載。
	経営計画に織り込んでいる寄附金を戻し5年分記載。
	経営計画に織り込んでいる受取配当金をもとに5年分記載。
	経営計画に織り込んでいる退職給付費用を戻し5年分記載。
	左記は流動分の賞与引当金、賞与引当金に係る社会保険料、事業税外形標準（税前利益から開始のため所得割除く）、有給休暇引当金の合計。流動分の賞与引当金、賞与引当金に係る社会保険料、有給休暇引当金はスケジューリング表の減算額とほぼ同額の加算と考え記載、事業税はスケジューリング表が税前利益から始まるためここは計画の外形標準課税分を加算、2期以降は流動項目は加算減算ほぼ同額と考え調整しない。
	スケジューリングを行い、解消年度に記入する。
	売却見込み年度に記入する。
OK	
OK	
OK	
OK	過去の損金算入実績をもとにスケジューリングを行い、解消年度に記入する。
OK	
長期解消項目一時差異	会社負担年金掛金拠出額と一時金支払額の合計、分類3の場合、年金掛金拠出額は5年間の拠出予定額、一時金支払額は定年支給予定者を5年間分記載、実務指針66号5(2)、税効果会計に関するQ＆Aに従い5年間のスケジューリングを行った上で、その期間を超えた年度であっても最終解消年度までに解消されると見込まれる退職給付引当金は回収可能。
5年超でスケジューリング可能であり、将来の課税所得を利用できる可能性が高い	スケジューリングを行い、解消年度に記入する。
5年超でスケジューリング可能であり、将来の課税所得を利用できる可能性が高い	内規にしたがった解消年度に記入する。
スケジューリング不能	売却計画が立たない限りスケジューリング不能。
スケジューリング不能だが将来の課税所得を利用できる可能性が高い	固定貸倒引当金は返済予定あれば返済スケジュールに従い入力する。
長期解消項目一時差異	5年間のスケジューリングを行った上で、その期間を超えた年度であっても最終解消年度までに解消されると見込まれる建物減価償却超過額は回収可能。
5年超でスケジューリング可能であり、将来の課税所得を利用できる可能性が高い	減損損失は実務指針66号5(2)の長期解消一時差異には該当せず、通常通りスケジューリングする。
	年度ごとに一時差異解消予定額（B）が課税所得（A）以下の場合はBの金額。一時差異解消予定額（B）が課税所得（A）以上の場合はAの金額。
	A＞Cの場合のみ、課税所得（A）- 回収可能額（C）を記入
	上記課税所得の発生年度に充当をしていく。大法人は、平成29年4月1日以後に終了した事業年度において生じた欠損金額からウを差し引く。課税所得②の50％の控除制限がある。
	上記課税所得の発生年度に充当をしていく。大法人は、平成29年4月1日以後に終了した事業年度において生じた欠損金額からウを差し引く。課税所得②の50％の控除制限がある。
	充当できた金額を記入していく（1番左はその合計が記載される）。大法人は、平成29年4月1日以後に終了した事業年度において生じた欠損金額からウを差し引く。課税所得②の50％の控除制限がある。
	（＝C＋F）
	分類3の場合、上記で退職給付引当金、建物減価償却超過額の5年間のスケジューリングを行い、回収可能な場合のみ5年超分を回収可能として記載する。
	（＝B－D＋E）
	税率変更による減少額 30.86％－30.62％＝0.24％
	（繰延税金負債考慮前）
	（＝D＋G）
	（評価性引当額と一致）

第5章 税効果会計 161

は，当該一時差異は，税務上の損金又は益金算入時期が明確でないため，スケジューリング不能な一時差異となる。

　企業会計基準適用指針第 26 号に基づく，将来年度の課税所得の見積額による繰延税金資産の回収可能性の判断指針参照の通り，会社分類 1 及び分類 2 の場合で税務上の損金算入時期が個別に特定できないが将来のいずれかの時点で損金算入される可能性が高いと見込まれるものについて，当該将来のいずれかの時点で回収できることを合理的に説明できる場合，当該スケジューリング不能な将来減算一時差異に係る繰延税金資産は回収可能性がある。

　IFRS においては，スケジューリング不能であることは，繰延税金資産を認識しないという理由にならず，他の証拠も考慮の上で，繰延税金資産の回収可能性を検討する。

　本設例において，福留聡株式会社が作成したスケジューリング表である「図表 5-1-4 税効果シート④　税効果スケジューリング表に関するワークシート」は下記を参照されたい。

　本設例では，福留聡株式会社は，過去の 5 年間の課税所得が大きく増減している原因を合理的な根拠をもって説明でき，製品の特性により需要変動が長期にわたり予測でき，当該需要変動の推移から今後は安定して成長が見込まれ，分類 3 に基づく 5 年間経過後の将来の一時差異等加減算前課税所得の見積額も同程度である 57,800,000 円が見込まれるとする。

　上記のスケジューリング表において，5 年間のスケジューリングにより，回収できないスケジューリング将来減算一時差異は，減価償却超過額（機械装置）30,000 円，役員退職慰労引当金 1,000,000 円，土地減損損失 54,000,000 円，貸倒引当金（固定）2,000,000 円，建物減損損失 27,000,000 円となる。

　ただし，上記の 5 年間のスケジューリングにより，スケジューリング不能な将来減算一時差異のうち，土地減損損失 54,000,000 円及び貸倒引当金（固定）2,000,000 円以外は，5 年を超える見積可能期間においてスケジューリング可能であり，中長期計画，過去における中長期計画の達成状況，過去（3 年）

及び当期の課税所得の推移等を勘案して，5年を超える見積可能期間において
スケジューリングされた一時差異等に係る繰延税金資産が回収可能であると判
断した。

　また，IFRSにおいては，上記のスケジューリング不能な将来減算一時差異
のうち，貸倒引当金（固定）2,000,000円については，今後も同程度の所得
水準が見込まれることから高い可能性で回収が見込まれることから繰延税金資
産を計上するが，土地減損損失54,000,000円については，将来所得水準が少
しでも低下した場合，回収できない可能性が相当程度あることから，回収不能
と判断した。

　以下にスケジューリング表の作成方法を解説する。

1　課税所得見込額の算定

　「図表5-1-4 税効果シート④　税効果スケジューリング表に関するワーク
シート」の上段で最初に，将来減算一時差異解消額前の「課税所得①」を算定
する。

項目		当期末残	解消予測					5年超解消
			2018年3月期	2019年3月期	2020年3月期	2021年3月期	2022年3月期	
			実効税率30.86%	実効税率30.62%	実効税率30.62%	実効税率30.62%	実効税率30.62%	
課税所得①	税引前当期純利益		50,000,000	50,000,000	50,000,000	50,000,000	50,000,000	
	損金不算入項目（交際費）		8,000,000	8,000,000	8,000,000	8,000,000	8,000,000	
	損金不算入項目（寄付金）		1,000,000	1,000,000	1,000,000	1,000,000	1,000,000	
	益金不算入項目（受取配当金）		△1,500,000	△1,500,000	△1,500,000	△1,500,000	△1,500,000	
	退職給付引当金		300,000	300,000	300,000	300,000	300,000	
	その他恒常的加減算項目		50,200,000					
	小計		108,000,000	57,800,000	57,800,000	57,800,000	57,800,000	
	将来加算一時差異解消予定額							
	固定資産圧縮積立金	10,000,000	500,000	500,000	500,000	500,000	500,000	7,500,000
	タックスプランニング（土地売却等）　ア							
	その他調整							
	課税所得①　合計　A		108,500,000	58,300,000	58,300,000	58,300,000	58,300,000	

　福留聡株式会社は，日本基準の会社分類が3であり，概ね5年内の課税見
積額を限度とするスケジューリング可能一時差異は回収可能性ありと判断でき
る。したがって，まずは，日本基準に従い，平成2018年3月期～平成2022
年3月期まで5年間の課税所得を見積もることができる。

第5章　税効果会計　　*163*

各項目の記載する数値は，ワークシート上の「記載要領」に記載した通りである。

項目		記載要領
課税所得①	税引前当期純利益	経営計画数値を記載。
	損金不算入項目（交際費）	経営計画に織り込んでいる交際費を戻し5年分記載。
	損金不算入項目（寄付金）	経営計画に織り込んでいる寄附金を戻し5年分記載。
	益金不算入項目（受取配当金）	経営計画に織り込んでいる受取配当金をもとに5年分記載。
	退職給付引当金	経営計画に織り込んでいる退職給付費用を戻し5年分記載。
	その他恒常的加減算項目	左記は流動分の賞与引当金，賞与引当金に係る社会保険料，事業税外形標準（税前利益から開始のため所得割除く），有給休暇引当金の合計。流動分の賞与引当金，賞与引当金に係る社会保険料，有給休暇引当金はスケジューリング表の減算額とほぼ同額の加算と考え記載，事業税はスケジューリング表が税前利益から始まるためここは計画の外形標準課税分を加算，2期以降は流動項目は加算減算ほぼ同額と考え調整しない。
	小計	
	将来加算一時差異解消予定額	
	固定資産圧縮積立金	スケジューリングを行い，解消年度に記入する。
	タックスプランニング（土地売却等）　　　ア	売却見込年度に記入する。
	その他調整	
	課税所得①　合計　　　A	

　税引前当期純利益は，経営計画の数値を転記する。その前提として，2018年3月期～2022年3月期までの経営計画は，取締役会の承認を得ており，過去の経営計画の計画値と実績値に大きな乖離はないため，計画値を信頼してそのまま使用できるものとする。

　将来減算一時差異解消額前の「課税所得①」算定にあたっての実務上のポイントは，経営計画で見込まれている恒常的加減算項目のうち，固定項目は，経営計画で見込まれている5年間の金額を記入するが，流動項目は，初年度の平成2018年3月期は加算し，2年目以降は，加算される金額と減算される金額がほぼ同額と考えて調整しない実務対応が多いことである。ただし，流動項目の2年目以降も必要に応じて加減算金額の純額を調整しても構わない。

② 将来加算一時差異解消予定額の算定

　税効果スケジューリング表に関するワークシートの課税所得①のその他恒常的加減算項目及び小計より下の将来加算一時差異解消予定額について説明する。

○固定資産圧縮積立金

　固定資産圧縮積立金は，対象資産の耐用年数に合致させて取崩を行うことにより，加算され解消される。

本設例では，2018年3月期〜2022年3月期まで，当初積立金額10,000,000円，固定資産の耐用年数20年により，毎期500,000円ずつ均等に取崩される。

なお，繰延税金負債のため，2017年3月期将来加算一時差異残高10,000,000円全額に対し繰延税金負債を計上する。

③ 将来減算一時差異解消額の算定

税効果スケジューリング表に関するワークシートの将来減算一時差異解消額前の課税所得①より下の，将来減算一時差異解消予定額について説明する。

将来減算一時差異解消予定額	賞与引当金	30,000,000	30,000,000						−
	賞与引当金（社会保険料）	4,200,000	4,200,000						−
	未払事業税	10,044,400	10,044,400						−
	貸倒引当金（流動）	30,000,000	30,000,000						−
	有給休暇引当金	10,000,000	10,000,000						−
	確定給付に係る負債	4,250,000	50,000	50,000	50,000	50,000	50,000	4,000,000
	減価償却超過額（機械装置）	180,000	30,000	30,000	30,000	30,000	30,000	30,000
	役員退職慰労引当金	4,500,000		1,000,000		1,500,000	1,000,000	1,000,000
	土地減損損失	54,000,000						54,000,000
	貸倒引当金（固定）	2,000,000						2,000,000
	減価償却超過額（建物）	10,000,000	500,000	500,000	500,000	500,000	500,000	7,500,000
	建物減損損失	36,000,000	1,800,000	1,800,000	1,800,000	1,800,000	1,800,000	27,000,000
	計　　　　B	195,174,400	86,624,400	3,380,000	2,380,000	3,880,000	3,380,000	

本設例における将来減算一時差異の各項目のスケジューリング方法は下記の考え方に基づいている。

(1) 賞与引当金

翌期に賞与を支給することにより，減算され，一時差異は解消される。

本設例では，2017年3月期の賞与引当金残高30,000,000円は平成2018年3月期に全額支払いにより，解消され，2019年3月期〜2022年3月期は，加算される金額と減算される金額がほぼ同額と考えて調整していない。

(2) 賞与引当金（社会保険料）

賞与引当金に係る法定福利費も賞与引当金と同様に翌期に社会保険料が納付されることにより，減算され，一時差異は解消される。

本設例では，2017年3月期の賞与引当金（社会保険料）残高4,200,000

円は 2018 年 3 月期に全額支払いにより，解消され，2019 年 3 月期~2022 年 3 月期は，加算される金額と減算される金額がほぼ同額と考えて調整していない。

(3) 貸倒引当金（流動）

貸倒引当金は，貸倒引当金計上対象の債権が回収された時，税務上の貸倒損失の要件を満たした時等に減算され，一時差異は解消される。回収スケジュールがあり，それに従って入金されている場合以外は，相手先の状況に依存する場合が多く，スケジューリングできない場合が多い。

しかし，企業会計基準適用指針第 26 号によると，貸倒引当金は，損失の発生時期を個別に特定し，スケジューリングすることが困難な場合には，過去の損金算入実績に将来の合理的な予測を加味した方法等により合理的にスケジューリングが行われている限りスケジューリング不能な一時差異とは取り扱わないとされている。

すなわち，過去の損金算入実績の傾向把握に合理性があり，当該傾向把握をもとに解消方針を策定し，スケジューリングをパターン化する等によるスケジューリング可能な一時差異と同様に扱われうる。

本設例において，一般債権の貸倒引当金（流動）の 2017 年 3 月期残高 30,000,000 円は，過去の損金算入実績から，2018 年 3 月期に全額解消され，2019 年 3 月期~2022 年 3 月期は，加算される金額と減算される金額がほぼ同額で発生し，解消されると考えて調整していない。

(4) 有給休暇引当金

有給休暇引当金は，IFRS 上で認識するが，税務上は有給休暇引当金の計上は認められないため，一時差異となり，税効果を認識する。有給休暇の消化により，有給休暇引当金残高が減少し，差異が解消する。

本設例において，2017 年 3 月期の有給休暇引当金残高 10,000,000 円は 2018 年 3 月期に全額消化により解消され，2019 年 3 月期~2022 年 3 月期は，加算される金額と減算される金額がほぼ同額と考えて調整していない。

(5)　未払事業税

　翌期に事業税が納付されることにより，減算され，一時差異は解消される。

　本設例では，2017年3月期の未払事業税残高10,044,400円は2018年3月期に全額支払いにより，解消され，2019年3月期～2022年3月期は，加算される金額と減算される金額がほぼ同額と考えて調整していない。

(6)　確定給付に係る負債（退職給付引当金）及び減価償却超過額（建物）

　退職給付引当金，建物減価償却超過額等は，企業会計基準適用指針第26号に解消見込年度が長期にわたる将来減算一時差異の取扱いとして第35項に記載があり，本設例の福留聡株式会社のように（分類3）に該当する企業においては，将来の合理的な見積可能期間（概ね5年）において当該将来減算一時差異のスケジューリングを行ったうえで，当該見積可能期間を超えた期間であっても，当期末における当該将来減算一時差異の最終解消見込年度までに解消されると見込まれる将来減算一時差異に係る繰延税金資産は回収可能性があると判断できるものとするとされている。

　IFRSベースでも，福留聡株式会社の中長期計画，過去における中長期計画の達成状況，過去（3年）及び当期の課税所得の推移等を総合的に勘案して，将来においても安定的に課税所得が見込めると判断し，解消見込年度が長期にわたる将来減算一時差異である確定給付に係る負債及び建物減価償却超過額に係る一時差異は，5年超に解消される金額も含め全額回収可能と判断した。

　なお，確定給付に係る負債（退職給付引当金）は，年金掛金の拠出，一時金の支払い，退職給付制度の移行・終了による確定給付に係る負債（退職給付引当金）の取崩等により，減算され，一時差異は解消される。

　また，建物減価償却超過額は，会計上の耐用年数が税務上の耐用年数より短い等の理由により生じたものであるため，会計上の償却期間が経過してから，税務上の償却期間に達するまでに徐々に解消されていく。また，売却，廃棄等により解消される。

(7)　減価償却超過額（機械装置）

　機械装置の減価償却超過額は，会計上の耐用年数が税務上の耐用年数より短

い等の理由により生じたものであるため，会計上の償却期間が経過してから，税務上の償却期間に達するまでに徐々に解消されていく。また，売却，廃棄等により解消される。なお，企業会計基準適用指針第 26 号第 35 項によると，長期解消一時差異は，退職給付引当金や建物の減価償却超過額等と記載されており，これは，例えば，一般的に解消年度が長期とならない役員退職慰労引当金や，建物以外の減価償却超過額は，長期解消一時差異に該当せず，通常のスケジューリングが必要とされると解されている。

　福留聡株式会社は，会社分類が 3 の会社であり，設備の売却，廃棄等が 5 年以内に予定されておらず，2017 年 3 月期の減価償却超過額 180,000 円は，毎期 30,000 円ずつ減価償却により税務と会計の差異が解消され減算されているものと仮定する。この場合，2018 年 3 月期〜2022 年 3 月期の 5 年間で 150,000 円解消しており，2023 年 3 月期以降に 30,000 円解消されるが，減価償却を通じて 5 年以内に解消される一時差異合計 150,000 円を除き，5 年超に解消される一時差異 30,000 円は，上述した通り，中長期計画，過去における中長期計画の達成状況，過去（3 年）及び当期の課税所得の推移等を勘案して，5 年を超える見積可能期間においてスケジューリングされた一時差異等に係る繰延税金資産が回収可能であると判断した。

(8)　役員退職慰労引当金

　企業会計基準適用指針第 26 号第 37 項において，役員退職慰労引当金に係る将来減算一時差異は，役員在任期間の実績や内規等に基づいて役員の退任時期を合理的に見込む方法等によりスケジューリングが行われている場合は，スケジューリングの結果に基づいて繰延税金資産の回収可能性を判断するとされている。

　福留聡株式会社は，会社分類が 3 の会社であり，「役員在任期間の実績や内規等に基づいて役員の退任時期を合理的に見込み」算定した 5 年以内に解消される一時差異（2019 年 3 月期 1,000,000 円，2021 年 3 月期 1,500,000 円，2022 年 3 月期 1,000,000 円の合計 3,500,000 円）はもちろん，5 年超に解消される一時差異（1,000,000 円）も上述した通り，中長期計画，過去にお

ける中長期計画の達成状況，過去（3年）及び当期の課税所得の推移等を勘案して，5年を超える見積可能期間においてスケジューリングされた一時差異等に係る繰延税金資産が回収可能であると判断した。

(9)　土地減損損失

　企業会計基準適用指針第26号第36項固定資産の減損損失に係る将来減算一時差異の取り扱いによると，土地等の非償却資産の減損損失に係る将来減算一時差異は，売却等に係る意思決定又は実施計画等がない場合，スケジューリング不能な一時差異として取り扱うとされている。

　本設例において，売却等に係る意思決定又は実施計画等がないため，スケジューリング不能な一時差異として取り扱い，上述した通り回収可能性はないものとする。

(10)　貸倒引当金（長期）

　貸倒引当金のスケジューリングの考え方は，(3) 貸倒引当金（流動）を参照されたい。

　本設例の2017年3月期貸倒引当金（長期）残高2,000,000円は，回収スケジュール等がなく，過去の損金算入実績はほとんどないと仮定する。合理的なスケジューリングができないことから，全額スケジューリング不能な一時差異としているが，上述した通り，今後も安定した所得水準が見込まれ，高い可能性で回収が見込まれることから繰延税金資産を計上する。

(11)　建物減損損失

　企業会計基準適用指針第26号第36項固定資産の減損損失に係る将来減算一時差異の取り扱いによると，償却資産の減損損失に係る将来減算一時差異は，減価償却計算を通して解消されることから，スケジューリング可能な一時差異として取り扱う。

　また，償却資産の減損損失に係る将来減算一時差異については，解消見込年度が長期にわたる将来減算一時差異の取り扱いを適用しないものとされている。

　本設例では，建物減損損失を計上している建物の処分予定はなく，減価償却計算を通して解消され，2018年3月期～2022年3月期の5年間で9,000,000

第5章　税効果会計　*169*

円解消しており，2023 年 3 月期以降に 27,000,000 円解消されるが，減価償却を通じて 5 年以内に解消される一時差異合計 9,000,000 円はもちろん，5

図表 5-1-4　税効果シート④　税効果スケジューリング表に関するワークシート

会社名：福留聡株式会社　　事業年度：2017 年 3 月期　企業会計基準適用指針第 26 号分類：分類 3（概ね 5 年以内のスケジューリング

	項目	当期末残	2018年3月期 実効税率30.86%	2019年3月期 実効税率30.62%	2020年3月期 実効税率30.62%	2021年3月期 実効税率30.62%	2022年3月期 実効税率30.62%	5年超解消
課税所得①	税引前当期純利益		50,000,000	50,000,000	50,000,000	50,000,000	50,000,000	
	損金不算入項目（交際費）		8,000,000	8,000,000	8,000,000	8,000,000	8,000,000	
	損金不算入項目（寄付金）		1,000,000	1,000,000	1,000,000	1,000,000	1,000,000	
	益金不算入項目（受取配当金）		△1,500,000	△1,500,000	△1,500,000	△1,500,000	△1,500,000	
	退職給付引当金		300,000	300,000	300,000	300,000	300,000	
	その他恒常的加減算項目		50,200,000					
	小計		108,000,000	57,800,000	57,800,000	57,800,000	57,800,000	
	将来加算一時差異解消予定額							
	固定資産圧縮積立金	10,000,000	500,000	500,000	500,000	500,000	500,000	7,500,000
	タックスプランニング（土地売却等）　ア							
	その他調整							
	課税所得①　合計　A		108,500,000	58,300,000	58,300,000	58,300,000	58,300,000	
将来減算一時差異解消予定額	賞与引当金	30,000,000	30,000,000					－
	賞与引当金（社会保険料）	4,200,000	4,200,000					－
	未払事業税	10,044,400	10,044,400					－
	貸倒引当金（流動）	30,000,000	30,000,000					－
	有給休暇引当金	10,000,000	10,000,000					－
	確定給付に係る負債	4,250,000	50,000	50,000	50,000	50,000	50,000	4,000,000
	減価償却超過額（機械装置）	180,000	30,000	30,000	30,000	30,000	30,000	30,000
	役員退職慰労引当金	4,500,000		1,000,000		1,500,000	1,000,000	1,000,000
	土地減損損失	54,000,000						54,000,000
	貸倒引当金（固定）	2,000,000						2,000,000
	減価償却超過額（建物）	10,000,000	500,000	500,000	500,000	500,000	500,000	7,500,000
	建物減損損失	36,000,000	1,800,000	1,800,000	1,800,000	1,800,000	1,800,000	27,000,000
	計　B	195,174,400	86,624,400	3,380,000	2,380,000	3,880,000	3,380,000	
	回収可能額　C	99,644,400	86,624,400	3,380,000	2,380,000	3,880,000	3,380,000	
	回収不能・繰越欠損金発生　イ		－	－	－	－	－	
	差引課税所得②　ウ		21,875,600	54,920,000	55,920,000	54,420,000	54,920,000	
	（スケジューリング不能のうち将来の課税所得を利用できない可能性が高い額）エ　土地減損損失	54,000,000						
	計　D	54,000,000						
	オ							
繰越欠損金	当期末残	50,000,000	37,968,420	10,508,420	－	－	－	
	2018 年 3 月期		－	－	－	－	－	
	2019 年 3 月期							
	2020 年 3 月期							
	2021 年 3 月期							
	2022 年 3 月期							
	未回収残高　E	50,000,000	37,968,420	10,508,420	－	－	－	
	回収可能額　F	50,000,000	12,031,580	27,460,000	10,508,420			
	回収不能額　G							
繰延税金資産　資産計上	回収可能額	149,644,400						
	長期解消項目一時差異　カ	11,500,000						
	スケジューリング不能で将来の課税所得を利用できる可能性が高い	30,030,000						
	回収可能額　合計	191,174,400						
	税率	30.86%						
	金額	58,996,420						
	税率変更による減少額	△222,044						
	金額	58,774,376						
資産計上	金額	54,000,000						
	税率	30.62%						
	金額	16,534,800						

年超に解消される一時差異 27,000,000 円も上述した通り，中長期計画，過去における中長期計画の達成状況，過去（3 年）及び当期の課税所得の推移等を勘案して，5 年を超える見積可能期間においてスケジューリングされた一時差異等に係る繰延税金資産が回収可能であると判断した。

(12) 売却可能金融資産評価損益

企業会計基準適用指針第 26 号第 39 項スケジューリング不能なその他有価証券の純額の評価差損又は評価差益に係る一時差異の取扱い(1)純額で評価差益の場合その他有価証券の純額の評価差益に係る将来加算一時差異については繰延税金負債を計上するとされており，本設例においても，期末評価差益 300,000 円に対し繰延税金負債を認識する。

上記の将来減算一時差異解消額の各項目について見てきたように，福留聡株式会社は，一時差異のうち，土地減損損失のみ解消不能な一時差異とされる。「図表 5-1-4 税効果シート④ 税効果スケジューリング表に関するワークシート」上では，解消不能な一時差異を「将来減算一時差異解消額」「（スケジューリング不能額）」欄，将来解消年度が長期にわたる将来減算一時差異（確定給付に係る負債及び減価償却超過額（建物））を「（繰延税金資産）」「長期解消項目一時差異」欄にそれぞれ転記する。

の範囲内で回収可能）

スケジューリング
OK
OK
OK
OK
OK
長期解消項目一時差異
5年超でスケジューリング可能であり，将来の課税所得を利用できる可能性が高い
5年超でスケジューリング可能であり，将来の課税所得を利用できる可能性が高い
スケジューリング不能
スケジューリング不能だが将来の課税所得を利用できる可能性が高い
長期解消項目一時差異
5年でスケジューリング可能であり，将来の課税所得を利用できる可能性が高い

④ 回収可能額の算定

　各年度の「差引課税所得②」は「課税所得①」合計から「将来減算一時差異解消額」合計額を差し引いて算定され，例えば，2018年3月期は108,500,000円－86,624,400円＝21,875,600円となる。プラスの場合は，「将来減算一時差異解消額」合計額は全て回収され，マイナスの場合は，繰越欠損金が発生することになる。例えば，2018年3月期の場合，「差引課税所得②」が21,875,600円とプラスのため，2018年3月期の将来減算一時差異解消額計86,624,400円は全額回収でき，回収可能額は，86,624,400円となる。すなわち，「課税所得①」合計と将来減算一時差異解消額計のいずれか小さい金額が回収可能額となるため，「課税所得①」合計の金額によっては，一部のみ回収可能額となり，一部が回収不能・繰越欠損金発生となるケースもある。

　繰越欠損金について，税務上の大法人（資本金1億円超）や資本金の額が5億円以上の法人による完全支配関係がある中小法人等では，2017年4月1日から2018年3月31日までの間に開始する繰越控除をする事業年度において生じた欠損金額は「差引課税所得②」の55％の控除制限の範囲内で充当される。回収できなかった繰越欠損金は，9年間にわたり，充当できるため，2017年3月期残高50,000,000円のうち，2018年3月期は，「差引課税所得②」の55％である12,031,580円充当（回収）し，残額の37,968,420円は2019年3月期に「差引課税所得②」の50％である27,460,000円充当（回収）でき，2020年3月期に10,508,420円回収できる。

　平成28年度税制改正によると，大法人の欠損金の繰越控除制度の所得制限は，2015年4月1日から2016年3月31日までの間に開始する繰越控除をする事業年度については，その繰越控除前の所得の金額の100分の65相当額であり，2016年4月1日から2017年3月31日までの間に開始する繰越控除をする事業年度については，その繰越控除前の所得の金額の100分の60相当額であり，2017年4月1日から2018年3月31日までの間に開始する繰越控除をする事業年度については，その繰越控除前の所得の金額の100分の55相当額であり，2018年4月1日以後に開始する繰越控除をする事業年度

については，その繰越控除前の所得の金額の100分の50相当額である。

　また，平成28年度税制改正によると，大法人の欠損金の繰越期間は，2018年4月1日以後に開始する事業年度から10年（現行9年）になる。

VI　STEP6 回収可能性考慮後の繰延税金資産及び繰延税金負債を算定する

　STEP6 の目的は，「図表5-1-4 税効果シート④　税効果スケジューリング表に関するワークシート」で繰延税金資産の回収可能性で検討した結果を，「図表5-1-1 税効果シート①　税効果計算に関するワークシート」に記入して最終的に財務諸表で開示される繰延税金資産及び繰延税金負債を算定することである。

　STEP3 回収可能性考慮前の繰延税金資産及び繰延税金負債の算定の段階では「図表5-1-1 税効果シート①　税効果計算に関するワークシート」で，評価性引当額控除前繰延税金資産Eまで算定している。

　次のステップとして，回収不能一時差異を「図表5-1-4 税効果シート④　税効果スケジューリング表に関するワークシート」の「（スケジューリング不能のうち将来の課税所得を利用できない可能性が高い額」を項目ごと「G：回収不能一時差異」に転記する。

　本設例では，土地減損損失54,000,000円のみが回収不能一時差異となる。

　なお，スケジューリング期間内に税率の変更がある場合，その影響を加味して繰延税金資産・負債を増減させる必要がある。

　具体的には，「図表5-1-4 税効果シート④　税効果スケジューリング表に関するワークシート」にて税率が変更される2019年3月期以降に解消が予想される一時差異について，税率変更前の30.86％と税率変更後の30.62％との差異0.24％が影響額となる。

　例えば，退職給付に係る負債については，（50,000×4＋4,000,000）×（30.62％－30.86％）＝－10,080円となる。

第5章　税効果会計　*173*

他の一時差異も同様に計算を行い，計算結果を「図表 5-1-1 税効果シート①　税効果計算に関するワークシート」の「F：税率変更による減少額」に転記する。

　その結果，算出された「図表 5-1-1 税効果シート①　税効果計算に関するワークシート」の「I：開示ベースの繰延税金資産」が最終的に貸借対照表に計上される繰延税金資産となり，IFRS では繰延税金資産及び繰延税金負債は全て非流動表示とされる。

　また，「図表 5-1-1 税効果シート①　税効果計算に関するワークシート」を用いて税効果会計の仕訳を行うと下記の通りになる。

(1)　その他包括利益項目以外の税効果仕訳

　仕訳の法人税等調整額は，繰延税金資産又は繰延税金負債の当期末と前期末の差額として算定される。

　繰延税金資産＝88,425,250 円−58,774,376 円＝29,650,874 円

　繰延税金負債＝3,062,000 円−0 円＝3,062,000 円

　法人税等調整額＝29,650,874 円＋3,062,000 円＝32,712,874 円

(2)　その他包括利益の税効果仕訳

　繰延税金負債は売却可能金融資産評価損益に係る繰延税金負債の当期末と前期末の差額として算定される（61,240 円＝153,100 円−91,860 円）。

　投資有価証券が「売却可能金融資産評価損益」欄の当期末と前期末の差額として算定される（300,000 円−500,000 円＝−200,000 円（資産の減少：評価益全体が 500,000 円から 300,000 円に減少）。

　差額として「売却可能金融資産評価損益」が計上される（138,760 円＝200,000 円−61,240 円）。

図表 5-1-1　税効果シート①　税効果計算に関するワークシート

会社名：福留聡株式会社　　　事業年度：2017 年 3 月期

項目	A　前期末残高 =別表五(一)期首現在利益積立金額	B　加算 =別表五(一)当期中の増減の増	C　減算 =別表五(一)当期中の増減の減	D　期末残高 =別表五(一)差引翌期首現在利益積立金額
賞与引当金	38,000,000	30,000,000	38,000,000	30,000,000
未払事業税(注 1)	6,000,000	10,044,400	6,000,000	10,044,400
賞与引当金(社会保険料)	5,240,000	4,200,000	5,240,000	4,200,000
貸倒引当金(流動)	20,000,000	30,000,000	20,000,000	30,000,000
有給休暇引当金	10,000,000	10,000,000	10,000,000	10,000,000
確定給付に係る負債	4,000,000	300,000	50,000	4,250,000
減価償却超過額(機械装置)	150,000	100,000	70,000	180,000
役員退職慰労引当金	3,500,000	1,000,000	－	4,500,000
土地減損損失	－	54,000,000	－	54,000,000
貸倒引当金(固定)	－	2,000,000	－	2,000,000
減価償却超過額(建物)	－	10,000,000	－	10,000,000
建物減損損失	－	36,000,000	－	36,000,000
繰越欠損金(注 2)	200,000,000	－	150,000,000	50,000,000
合計	286,890,000	187,644,400	229,360,000	245,174,400

固定資産圧縮積立金	－	(10,000,000)	－	(10,000,000)
売却可能金融資産評価損益	(500,000)	(300,000)	(500,000)	(300,000)
合計	(500,000)	(10,300,000)	(500,000)	(10,300,000)

（注 1）未払事業税の金額は，別表五（一），納税一覧表又は事業税・都道府県民税の内訳明細書から
　　　　転記する。
（注 2）繰越欠損金の金額は，別表七（一）から転記する。

第 5 章　税効果会計　*175*

（単位：円）

E 評価性引当額 控除前繰延税 金資産	F 税率変更に よる減少額	G 回収不能 一時差異	H 評価性引当額	I 開示ベースの 繰延税金資産	
9,258,000	－	0	0	9,258,000	
3,099,702	－	0	0	3,099,702	
1,296,120	－	0	0	1,296,120	
9,258,000	－	0	0	9,258,000	
3,086,000	－	0	0	3,086,000	
1,311,550	(10,080)	0	0	1,301,470	
55,548	(360)	0	0	55,188	
1,388,700	(10,800)	0	0	1,377,900	
16,534,800	－	(54,000,000)	(16,534,800)	0	
617,200	(4,800)	0	0	612,400	
3,086,000	(22,800)	0	0	3,063,200	
11,109,600	(82,080)	0	0	11,027,520	
15,430,000	(91,124)	0	0	15,338,876	
75,531,220	(222,044)	(54,000,000)	(16,534,800)	58,774,376	①

(3,086,000)	24,000	－	－	(3,062,000)	④
(92,580)	720	－	－	(91,860)	⑤
(3,178,580)	24,720	0	0	(3,153,860)	②

期末将来減算 一時差異合計	195,174,400	
繰延税金資産 合計	58,774,376	①
繰延税金負債	(3,153,860)	②
繰延税金資産 （開示）	55,620,516	③=①+②
法人税等調整 額	32,712,874	

【参考　前期末】（注3）

（単位：円）

項目	J 前期末評価性引当額控除前繰延税金資産	K 税率変更による減少額	L 前期末評価性引当額	M 前期末の開示ベースの繰延税金資産＝J＋K＋L	
賞与引当金	11,726,800	－	－	11,726,800	
未払事業税（注1）	1,851,600	－	－	1,851,600	
賞与引当金（社会保険料）	1,617,064	－	－	1,617,064	
貸倒引当金（流動）	6,172,000	－	－	6,172,000	
有給休暇引当金	3,086,000	－	－	3,086,000	
確定給付に係る負債	1,234,400	(9,360)	－	1,225,040	
減価償却超過額（機械装置）	46,290	(120)	－	46,170	
役員退職慰労引当金	1,080,100	(8,400)	－	1,071,700	
土地減損損失	0	－	－	0	
貸倒引当金（固定）	0	－	－	0	
減価償却超過額（建物）	0	－	－	0	
建物減損損失	0	－	－	0	
繰越欠損金（注2）	61,720,000	(91,124)	－	61,628,876	
合計	88,534,254	(109,004)	0	88,425,250	①'

項目	J	K	L	M	
固定資産圧縮積立金	0	－	－	0	④'
売却可能金融資産評価損益	(154,300)	1,200	－	(153,100)	⑤'
合計	(154,300)	1,200	0	(153,100)	②'

期末将来減算一時差異合計	86,890,000	
繰延税金資産合計	88,425,250	①'
繰延税金負債	(153,100)	②'
繰延税金資産（開示）	88,272,150	③'=①'+②'

↑
前期末 B／S
と一致確認

（注3）前期末の数字は，前期末の開示用ではなく，当期の仕訳作成，評価性引当額の増加額算定のために参考として作成している。

【2017年3月期の会計処理】（単位：千円）

(i) その他包括利益項目以外の税効果仕訳

（借）法 人 税 等 調 整 額	32,712,874	（貸）繰 延 税 金 資 産	29,650,874	①'-①
繰 延 税 金 資 産	298,696	繰 延 税 金 負 債	3,062,000	④'-④

(ii) その他包括利益項目の税効果仕訳

（借）売却可能金融資産評価損益	138,760	（貸）投 資 有 価 証 券	200,000	⑤-⑤'
繰 延 税 金 負 債	61,240			

第5章　税効果会計　　177

Ⅶ STEP7 税金費用のプルーフテストを行い，税金費用の妥当性を検証する

　税効果会計の最終ステップである STEP7 の目的は，税金費用のプルーフテストを行い，税金費用の妥当性を検証することである。この税効果プルーフにより，法人税申告書及び地方税申告書で算定した法人税，住民税及び事業税と税効果会計で算定した法人税等調整額の算定の適切性を検証できる。

　税金費用（＝法人税，住民税及び事業税＋法人税等調整額）は，下記の算式で算定される。

　税金費用＝税引前当期純利益×法定実効税率

　なお，一時差異は，課税所得を増減させ，法人税，住民税及び事業税を増加又は減少させる一方，税効果会計により繰延税金資産及び繰延税金負債を計上する結果，法人税等調整額を減少又は増加させるため，評価制引当金を計上しない限り税金費用合計（＝法人税，住民税及び事業税＋法人税等調整額）には影響しない。

　すなわち，本設例では，上記の計算式を満たさない，①永久差異項目，②繰延税金資産や繰延税金負債の算定で解消される期間により異なる複数税率（本設例では 30.86 ％と 30.62 ％），③一時差異ではあるが，税効果をとらないことで，税金費用を増加させる評価制引当金の増加額等が税率差異の対象になる。

　したがって，税金費用は，下記の算式でも算定することができ，下記の項目が，税率差異が生じる要因の項目になる。

　税金費用＝（税引前当期純利益＋（－）永久差異）×法定実効税率＋住民税均等割額＋評価性引当額の増加額＋（－）適用税率の差異－税額控除

　なお，本設例で，税率差異に影響を与える項目は，①永久差異（交際費，役員賞与，資産除去債務関連損益，住民税均等割額，寄附金，受取配当金），②

税率変更による期末繰延税金資産の減額修正，③評価性引当額の増加額となる。

　本設例における「図表5-1-5税効果シート⑤　税効果プルーフに関するワークシート」を参照いただきたい。

図表5-1-5　税効果シート⑤　税効果プルーフに関するワークシート

会社名：福留聡株式会社　事業年度：2017年3月期　法定実効税率：30.86%

(単位：円)

項目		参照元	金額	税金費用に影響を与える金額	税引前当期純利益に与える影響
税引前当期純利益		P/L	145,470,000		
永久差異					
交際費		別表四	9,060,000	2,795,916	1.92%
役員賞与		別表四	700,000	216,020	0.15%
資産除去債務関連損益		別表四	700,000	216,020	0.15%
住民税均等割額		納税一覧表	530,000	163,558	0.11%
寄附金の損金不算入額		別表四	9,300,000	2,869,980	1.97%
受取配当等の益金不算入額		別表四	−10,000,000	−3,086,000	△2.12%
計（①）			155,760,000		
①×30.86%			48,067,536		
税率変更による期末繰延税金資産の減額修正			218,640	218,640	0.15%
計			48,286,176		
評価性引当額の増加額（前期）	0	シート①	16,534,800	16,534,800	11.37%
評価性引当額の増加額（当期）	16,534,800	シート①			
計（期待値）			64,820,976		
その他					△0.06%
計上額					
法人税，住民税及び事業税		P/L	32,023,200		
法人税等調整額		P/L	32,712,874		
計			64,736,074		44.50%
差異			−84,902		
差異率			−0.1%		
判定　➡　重要な差異なし					

　図表5-1-5「税効果シート⑤　税効果プルーフに関するワークシート」の入力数値と税率差異項目について解説する。

第5章　税効果会計　*179*

① 税引前当期純利益

損益計算書上の税引前当期純利益 145,470,000 円を入力する。なお，税引前当期純利益 145,470,000 円は，別表四記載の当期利益 80,733,926 円に，損金経理をした納税充当金 38,288,200 円と法人税等調整額 32,712,874 円を加算し，納税充当金に含まれている未払の住民税均等割額 265,000 円及び納税充当金に含まれている販売費及び一般管理費に計上される未払の外形標準課税 6,000,000 円を差し引いた金額と合致する。

IFRS では，住民税均等割額は，租税公課（販売費及び一般管理費）として処理されていることに留意する。

② 永久差異

別表四で社外流出の項目を転記する。代表的な項目としては，交際費，寄附金，受取配当金がある。

また，前述した通り，役員賞与引当金は，確定時に損金算入される一定の例外を除き永久差異と同様に取り扱われることになる。

上記の項目のうち，交際費は，別表四の交際費等の損金不算入額の金額 9,060,000 円を入力する。寄附金は，寄附金の損金不算入額 9,300,000 円を入力する。役員賞与は，加算項目である役員賞与否認 1,500,000 円に役員賞与引当金否認 1,000,000 円を加算し，減算項目である役員賞与引当金認容 1,800,000 円を減算して算定した金額 700,000 円を入力する。受取配当金は，受取配当等の益金不算入額 10,000,000 円を入力する。

税率差異に与える影響では，交際費，寄附金，役員賞与，受取配当金とも当期（2017 年 3 月期）の法定実効税率 30.86 ％を乗じて算定される税金費用に影響を与える金額の税引前当期純利益に与える影響を％表示する。

上記以外に，住民税均等割額と資産除去債務関連損益があり，IFRS で永久差異のところで調整される理由はそれぞれ下記の通りである。

IFRS では，住民税均等割額は，租税公課（販売費及び一般管理費）処理され，

出発点の税引前当期純利益から控除されているため，足し戻しを行う。住民税均等割額は，税額そのものゆえ，税効果の認識をしないため，住民税均等割額530,000 円に法定実効税率30.86 ％を乗じた163,558 円が税率差異に影響を与える。

　資産除去債務は，資産除去債務と対応する資産を別個に取り扱う場合，資産除去債務は取引時点において，資産及び負債を同額計上し，会計上の利益にも課税所得にも影響しない取引に該当し，繰延税金資産及び繰延税金負債を認識しないため，資産除去債務関連損益から生じる加減算が永久差異と同様の取り扱いになり，本設例では，減価償却超過額（除去資産）500,000 円と利息費用否認（資産除去債務）200,000 円の合計700,000 円に法定実効税率30.86 ％を乗じた216,020 円が税率差異に影響を与える。

③　税率変更による期末繰延税金資産の減額修正

　税率変更による差異は，（1）評価性引当金以外の税率変更による差異と（2）評価性引当金の税率変更による差異からなり，それぞれを解説する。

（1）　評価性引当金以外の税率変更による差異

　評価性引当金以外の税率変更による差異は，「図表 5-1-1 税効果シート①税効果計算に関するワークシート」よりその他包括利益項目である売却可能金融資産評価損益を除いた「F：税率変更による減少額」（222,044 円－24,000円＝198,044 円）から前期の「K：税率変更による減少額」（109,004 円）を控除して算定すると，89,040 円になり，この金額分の税金費用が増額する。

（2）　評価性引当金の税率変更による差異

　評価性引当金は，現行判明しているもっとも遠い将来の実効税率で算定するため，本設例では 30.62 ％で算定されているが，当期 2017 年 3 月期の法定実効税率は 30.86 ％であるため，評価制引当金増加額のもととなる回収不能一時差異の増加額である 54,000,000 円の税率差異 0.24 ％を乗じて，129,600 円になる。

　上記を合計すると，税率変更による期末繰延税金資産の減額修正＝89,040

円＋129,600 円＝218,640 円となる。

④ 評価性引当額の増加額

評価性引当額の増加額を仕訳で表すと下記の通りになる。

（借）法人税等調整額　×××　　（貸）繰延税金資産　×××

すなわち，評価性引当額の増加は，税金費用が増加することになり，法人税等の負担率が法定実効税率より大きくなる要因となる。評価制引当額は税効果ベースの金額であるため，100 ％税金費用に影響を与える。本設例で，評価制引当額の増加額は回収不能一時差異である土地減損損失 54,000,000 円に30.62 ％を乗じた 16,534,800 円となる。

以上を踏まえ税金費用の妥当性を金額ベースで検証すると

税金費用＝（税引前当期純利益＋永久差異）×法定実効税率（30.86 ％）
　　　　　＋税率変更による期末繰延税金資産の減額修正＋評価性引当額
　　　　　の増加額

で算定できる。

ワークシート上は，「計（期待値）」の欄が 64,820,976 円となり，損益計算書計上額である法人税，住民税及び事業税 32,023,200 円と法人税等調整額32,712,874 円の合計 64,736,074 円との差異は－84,902 円となり，差異率－0.1 ％と僅少のため，法人税申告書及び地方税申告書で算定した法人税，住民税及び事業税と税効果会計で算定した法人税等調整額の合計である法人所得税費用は概ね適切であるということが検証されたことになる。

なお，本来，法人税申告書，地方税申告書で算定されるためワークシートは不要であるが，参考までに法人税，住民税及び事業税 32,023,200 円の算定過程を「図表 5-1-6 税効果シート⑥　損益計算書に計上される法人税，住民税及び事業税算定に関するワークシート」に示す。また，ワークシートの課税所得を算定するのに利用した法人税申告書別表及び税効果会計のワークシート算定のために利用した法人税申告書別表をご覧いただきたい。

図表 5-1-6　税効果シート⑥　損益計算書に計上される法人税，住民税及び事業税算定に関するワークシート（参考）

会社名：福留聡株式会社　事業年度：2017年3月期　法定実効税率：30.86%

	税区分	課税所得	備考	税率	計算値
法人税	法人税額	100,000,000	別表四の48所得金額又は欠損金額	23.4%	23,400,000
住民税	法人税割（20.7%×法人税額）	23,400,000	法人税額	20.7%	4,843,800
事業税	所得割	100,000,000	通常は，別表四の48所得金額又は欠損金額	3.78%	3,779,400
法人税，住民税及び事業税（P/L）					32,023,200

（注）事業税は，実際には，課税所得が，年400万円以下の金額，年400万円を超え年800万円以下の金額，年800万円を超える金額ごとに適用される税率が異なり，上記は，年800万円を超える金額の税率を前提として計算しているため，地方税申告書で実際に算定した場合の税額と異なる。

第5章　税効果会計　*183*

所得の金額の計算に関する明細書（簡易様式）

事業年度　平28・4・1　平29・3・31　法人名　福留聡株式会社

別表四（簡易様式）平二十八・四・一以後終了事業年度分

区分		総額 ①	処分 留保 ②	処分 社外流出 ③
当期利益又は当期欠損の額	1	80,733,926 円	80,733,926 円	配当 　　　　円 その他
損金経理をした法人税及び地方税（附帯税を除く。）	2			
損金経理をした道府県民税（利子割額を除く。）及び市町村民税	3	265,000	265,000	
損金経理をした道府県民税利子割額	4			
損金経理をした納税充当金	5	38,288,200	38,288,200	
損金経理をした附帯税（利子税を除く。）、加算金、延滞金（延納分を除く。）及び過怠税	6			その他
減価償却の償却超過額	7	10,100,000	10,100,000	
役員給与の損金不算入額	8			その他
交際費等の損金不算入額	9	9,060,000		その他 9,060,000
賞与引当金否認	10	30,000,000	30,000,000	
役員退職慰労引当金否認		1,000,000	1,000,000	
確定給付に係る負債否認		300,000	300,000	
次 業 合 計		172,112,874	170,612,874	1,500,000
小 計	11	261,126,074	250,566,074	10,560,000
減価償却超過額の当期認容額	12	70,000	70,000	
納税充当金から支出した事業税等の金額	13	6,000,000	6,000,000	
受取配当等の益金不算入額（別表八(一)「13」又は「26」）	14	10,000,000		※
外国子会社から受ける剰余金の配当等の益金不算入額（別表八(二)「26」）	15			※
受贈益の益金不算入額	16			※
適格現物分配に係る益金不算入額	17			※
法人税等の中間納付額及び過誤納に係る還付金額	18			
所得税額等及び欠損金の繰戻しによる還付金額等	19			※
役員賞与引当金認容	20	1,800,000	1,800,000	
賞与引当金認容		38,000,000	38,000,000	
賞与引当金認容(社会保険料)		5,240,000	5,240,000	
次 業 合 計		40,050,000	40,050,000	
小 計	21	101,160,000	91,160,000	外※ 10,000,000
仮 計 (1)+(11)-(21)	22	240,700,000	240,140,000	外※ 560,000
関連者等に係る支払利子等の損金不算入額（別表十七(二の二)「25」又は「30」）	23			その他
超過利子額の損金算入額（別表十七(二の三)「10」）	24	△		※ △
計 (22)から(24)までの計	25			外※
寄附金の損金不算入額（別表十四(二)「24」又は「40」）	26	9,300,000		その他 9,300,000
法人税額から控除される所得税額（別表六(一)「13」）	29			その他
税額控除の対象となる外国法人税の額（別表六(二の二)「7」）	30			その他
合 計 (25)+(26)+(29)+(30)	33	250,000,000	240,140,000	外※ 9,860,000
契約者配当の益金算入額（別表九(一)「13」）	34			
非適格合併又は残余財産の全部分配等による移転資産等の譲渡利益額又は譲渡損失額	36			※
差 引 計 (33)+(34)+(36)	37	250,000,000	240,140,000	外※ 9,860,000
欠損金又は災害損失金等の当期控除額（別表七(一)「4の計」+（別表七(二)「9」若しくは「21」又は別表七(三)「10」））	38	△ 150,000,000		△ 150,000,000
総 計 (37)+(38)		100,000,000	240,140,000	外※ △ 150,000,000 9,860,000
新鉱床探鉱費又は海外新鉱床探鉱費の特別控除額（別表十(三)「43」）	40	△		※ △
残余財産の確定の日の属する事業年度に係る事業税の損金算入額	46	△	△	
所得金額又は欠損金額	47	100,000,000	240,140,000	外※ △ 150,000,000 9,860,000

法　0301－0402

| 所得の金額の計算に関する明細書（次葉） | 事業年度 | 平28・4・1
平29・3・31 | 法人名 | 福留聡株式会社 | 別表四 |

区　　分	総　額	処　　分		
		留　保	社　外　流　出	
	①	②	③	
	円	円		円
加算 賞与引当金否認（社会保険料）	4,200,000	4,200,000		
貸倒引当金否認（固定）	2,000,000	2,000,000		
役　員　賞　与　否　認	1,500,000		賞　与	1,500,000
土　地　減　損　損　失	54,000,000	54,000,000		
役員賞与引当金否認	1,000,000	1,000,000		
減価償却超過額（除去資産）	500,000	500,000		
利息費用否認（資産除去債務）	200,000	200,000		
建　物　減　損　損　失	36,000,000	36,000,000		
法　人　税　等　調　整　額	32,712,874	32,712,874		
貸倒引当金繰入額（流動）	30,000,000	30,000,000		
有給休暇引当金繰入額	10,000,000	10,000,000		
小　　　計	172,112,874	170,612,874		1,500,000
減算 確定給付に係る負債認容	50,000	50,000		
圧縮積立金認定損	10,000,000	10,000,000		
貸倒引当金戻入額（流動）	20,000,000	20,000,000		
有給休暇引当金戻入額	10,000,000	10,000,000		
小　　　計	40,050,000	40,050,000	※	

利益積立金額及び資本金等の額の計算に関する明細書

事業年度 平28・4・1 〜 平29・3・31　法人名 福留聡株式会社

別表五(一)　平二十八・四・一以後終了事業年度分

I　利益積立金額の計算に関する明細書

区分		期首現在利益積立金額 ①	当期の増減 減 ②	当期の増減 増 ③	差引翌期首現在利益積立金額 ①-②+③ ④
利　益　準　備　金	1	5,000,000			5,000,000
固定資産圧縮積立金	2			6,766,000	6,766,000
売却可能金融資産評価損益否認	3	△ 500,000	△ 500,000	△ 300,000	△ 300,000
売却可能金融資産評価損益	4	338,300	338,300	202,980	202,980
繰延税金負債（売却可能金融資産評価損益）	5	161,700	161,700	97,020	97,020
減価償却超過額（機械装置）	6	150,000	70,000	100,000	180,000
賞　与　引　当　金	7	38,000,000	38,000,000	30,000,000	30,000,000
賞与引当金（社会保険料）	8	5,240,000	5,240,000	4,200,000	4,200,000
役員退職慰労引当金	9	3,500,000		1,000,000	4,500,000
確定給付に係る負債	10	4,000,000	50,000	300,000	4,250,000
役員賞与引当金	11	1,800,000	1,800,000	1,000,000	1,000,000
土　地　減　損　損　失	12			54,000,000	54,000,000
貸倒引当金（固定）	13			2,000,000	2,000,000
圧縮積立金認定損	14		10,000,000		△ 10,000,000
有給休暇引当金	15	10,000,000	10,000,000	10,000,000	10,000,000
有形固定資産（除去資産）	16	△ 10,000,000		500,000	△ 9,500,000
資産除去債務	17	10,000,000		200,000	10,200,000
減価償却超過額（建物）	18			10,000,000	10,000,000
建物減損損失	19			36,000,000	36,000,000
繰延税金資産（法人税等調整額）	20	△ 88,425,250		32,712,874	△ 55,712,376
貸倒引当金（流動）	21	20,000,000	20,000,000	30,000,000	30,000,000
	22				
	23				
	24				
	25				
繰越損益金（損は赤）	26	1,088,468,000	1,088,468,000	1,156,876,632	1,156,876,632
納　税　充　当　金	27	6,265,000	6,265,000	38,288,200	38,288,200
未納法人税等　未納法人税、未納地方法人税及び未納復興特別法人税（附帯税を除く。）	28		△	中間 △ 確定 △23,400,000	△ 23,400,000
未納道府県民税（均等割額及び利子割を含む。）	29	△ 265,000	△ 530,000	中間 △ 265,000 確定 △ 4,843,800	△ 4,843,800
未納市町村民税（均等割額を含む。）	30	△		中間 △ 確定 △	△
差　引　合　計　額	31	1,093,732,750	1,179,363,000	1,385,434,906	1,299,804,656

II　資本金等の額の計算に関する明細書

区分		期首現在資本金等の額 ①	当期の増減 減 ②	当期の増減 増 ③	差引翌期首現在資本金等の額 ①-②+③ ④
資本金又は出資金	32	500,000,000			500,000,000
資　本　準　備　金	33				
	34				
	35				
差　引　合　計　額	36	500,000,000			500,000,000

御　注　意

1　この表は、通常の場合には次の算式により検算ができます。

期首現在利益積立金額合計「31」① ＋ 別表四留保所得金額又は欠損金額「47」 － 中間分、確定分法人税県市民税の合計額 ＝ 差引翌期首現在利益積立金額合計「31」④

2　発行済株式又は出資のうちに二以上の種類の株式がある場合には、法人税法施行規則別表五(一)付表（別表五(一)付表）の記載が必要となりますので御注意ください。

法　0301－0501

⑤ 欠損金又は災害損失金の損金算入に関する明細書			事業年度	平28・4・1 平29・3・31	法人名	福留聡株式会社	別表七(一) 平二十八・四・一以後終了事業年度分

控除前所得金額 (別表四「37の①」－(別表七(二)「9」又は「21」))	1	250,000,000 円	所得金額控除限度額 (1) × $\frac{50、55、60、65又は100}{100}$	2	162,500,000

事業年度	区　　分	控除未済欠損金額	当期控除額 当該事業年度の(3)と((2)－当該事業年度前の(4)の合計額)のうち少ない金額	翌期繰越額 (((3)－(4))又は別表七(三)「15」)
		3	4	5
・　・	青色欠損・連結みなし欠損・災害損失	円	円	円
平27・4・1 平28・3・31	青色欠損・連結みなし欠損・災害損失	200,000,000	150,000,000	50,000,000
・　・	青色欠損・連結みなし欠損・災害損失			
・　・	青色欠損・連結みなし欠損・災害損失			
・　・	青色欠損・連結みなし欠損・災害損失			
・　・	青色欠損・連結みなし欠損・災害損失			
・　・	青色欠損・連結みなし欠損・災害損失			
・　・	青色欠損・連結みなし欠損・災害損失			
計		200,000,000	150,000,000	50,000,000

当 期 分	欠　　損　　金　　額 (別表四「47の①」)		欠損金の繰戻し額	
	同上のうち	災　害　損　失　金 (13)		
		青　色　欠　損　金		
合　　　計				50,000,000

災害により生じた損失の額の計算				
災　害　の　種　類			災害のやんだ日又はやむを得ない事情のやんだ日	平　・　・
災害を受けた資産の別		棚　卸　資　産 ①	固定資産 (固定資産に準ずる繰延資産を含む。) ②	計 ①＋② ③
当期の欠損金額 (別表四「47の①」)	6			円
災害により生じた損失の額	資産の滅失等により生じた損失の額	7	円	円
	被害資産の原状回復のための費用等に係る損失の額	8		
	被害の拡大又は発生の防止のための費用に係る損失の額	9		
	計 (7)＋(8)＋(9)	10		
保険金又は損害賠償金等の額	11			
差引災害により生じた損失の額 (10)－(11)	12			
繰越控除の対象となる損失の額 ((6の③)と(12の③)のうち少ない金額)	13			

法　0301－0701

第5章　税効果会計　*187*

第**6**章

連結の範囲

1 連結の範囲の関連基準の整理

本章では，連結財務諸表に含める子会社及び関連会社の範囲について解説する。

IFRS 第 10 号連結財務諸表をもとに，連結の範囲の関連基準を整理する。

IFRS10.7 によると，投資者は，投資者が下記の要素を全て有している場合のみ投資先を支配している。

(a) 投資先に対するパワー

(b) 投資先への関与により生じる変動リターンに対するエクスポージャー又は権利

(c) 投資者のリターンの額に影響を及ぼすように投資者に対するパワーを用いる能力

IFRS10.B35 によると，投資先の議決権の過半数を有する投資者は，例外的な状況を除いて原則としてパワーを有する。

IFRS10.B38 によると，投資者は，投資先の議決権の過半数を有していなくても，パワーを有する可能性があり，例示として，投資先の議決権の過半数未満でもパワーを有する可能性があるのは下記の通りである。

(a) 投資者と他の議決権保有者との間の契約上の取決め

(b) 他の契約上の取決めから生じる権利

(c) 投資者の議決権

(d) 潜在的議決権

(e) (a)から(d)の組合せ

上記の例示は IFRS 第 10 号の中で具体的に下記の通り規定されている。

投資者と他の議決権保有者との間の契約上の取決めは，IFRS10.B39 によると，投資者自身では，パワーを得るのに十分な議決権を保有していなくても，投資者と他の議決権保有者との間の契約上の取決めによって，パワーを得るのに十分な議決権を行使できる権利を投資者が得る可能性がある。

他の契約上の取決めから生じる権利は，IFRS10.B40 によると，契約上の取決めで定められた権利と議決権との組合せにより，関連性のある活動を指図する現在の能力を投資者に与える場合がある。

投資者の議決権は，IFRS10.B41 及び IFRS10.B42 によると，議決権の過半数未満を有する投資者は，投資者が関連性のある活動を一方的に指図する実質上の能力を有している場合には，パワーを得るのに十分な権利を有しているものとされている。

IFRS10.B42 によると，投資者の議決権がパワーを得るのに十分かどうかを評価する際に，投資者は，下記の項目を含めて，全ての事実と状況を考慮する。

- (a) 他の議決権保有者の保有の規模及び分散状況との比較における投資者の議決権保有の相対的な規模
- (b) 投資者，他の議決権保有者又は他の当事者が保有している潜在的議決権
- (c) 他の契約上の取決めから生じる権利
- (d) 意思決定を行う必要がある時に関連性のある活動を指図する現在の能力を，投資者が有していること又は有していないことを示す追加的な事実及び状況

潜在的議決権は，IFRS10.B47 によると，支配の判定に際し，投資者は自らの潜在的議決権と他の者が保有している潜在的議決権を考慮して，自らがパワーを有しているかどうかを決定する。潜在的議決権とは，投資先の議決権を獲得する権利であり，その権利が実質的である場合のみ考慮される。

上記の通り，IFRS では，日本基準の連結会計基準第 14 項のような支配が

第 6 章 連結の範囲　*191*

一時的であると認められる企業や，支配が一時的であると認められる企業以外で利害関係者の判断を著しく誤らせる恐れのある企業を連結除外するような規定はなく，IFRS 第 10 号で定義される投資企業のみが連結から除外される。

IFRS では，連結の範囲の判定に際し，SPE の定義を設けておらず，通常の事業を営む会社と同じ支配の概念を用いて，連結の範囲に含めるが，日本基準では，連結会計基準 7-2 によると，特別目的会社（資産流動化に関する法律（平成 10 年法律第 105 号）第 2 条第 3 項に規定する特定目的会社及び事業内容の変更が制限されているこれと同様の事業を営む事業体をいう。以下同じ）については，適正な価額で譲り受けた資産から生ずる収益を当該特別目的会社が発行する証券の所有者に享受させることを目的として設立されており，当該特別目的会社の事業がその目的に従って適切に遂行されているときは，当該特別目的会社に資産を譲渡した企業から独立しているものと認め，当該特別目的会社に資産を譲渡した企業の子会社に該当しないものと推定される。

また，IFRS では，連結の範囲を決定する支配について，日本基準ほど明確な数値基準がなく，一方で，日本基準では考慮しない潜在的議決権や，他の当事者が保有する議決権等も考慮のうえ，支配の有無を判断する。

IFRS では全ての子会社を連結することとなっており，連結の範囲に係る固有の重要性の規定はないが，実務上は，一般論としての重要性の概念の存在を考慮して子会社を決定している。

関連会社の範囲は，IAS 第 28 号関連会社及び共同支配企業に対する投資をもとに整理する。

IAS28.16 によると，投資先に対して重要な影響力を有する企業は，関連会社に対する投資を持分法で会計処理しなければならない。

IAS28.5 によると，企業が投資先の議決権の 20 ％以上を，直接的に又は間接的に保有している場合には，重要な影響力がないことを明確に証明できない限り，企業は重要な影響力を有していると推定される。反対に，企業が，直接的に又は間接的に，投資先の議決権の 20 ％未満しか保有していない場合には，重要な影響力が明確に証明できる場合を除き，企業は重要な影響力を有してい

ないと推定される。また，他の投資者が大部分又は過半数を所有していても，ある企業が重要な影響力を有することを必ずしも妨げるものではない。

IAS28.6 によると，企業による重要な影響力は，通常，下記の方法で証明されるとされている。

(a) 投資先の取締役会又は同等の経営機関への参加
(b) 方針決定プロセスへの参加（配当その他の分配の意思決定への参加を含む）
(c) 企業と投資先との間の重要な取引
(d) 経営陣の人事交流
(e) 重要な技術情報の提供

また，IAS28.7 によると，他の企業が所有している潜在的議決権も含めて，現在行使可能又は転換可能な潜在的議決権の存在及び影響は，企業が重要な影響力を有しているかどうかを判定する際に考慮される。

ただし，IAS28.12 によると，潜在的議決権又は潜在的議決権を含んだ他のデリバティブが存在する場合には，関連会社に対する企業の持分は，既存の所有持分のみに基づいて決定され，潜在的議決権又は潜在的議決権を含んだ他のデリバティブの行使又は転換の可能性を反映しない。

なお，日本基準では，連結財務諸表における子会社及び関連会社の範囲の決定に関する適用指針第 25 項，第 26 項によると，子会社の場合と同様に，財務及び営業又は事業の方針の決定に対する影響が一時的であると認められる関連会社に対する投資及び子会社の場合と同様に，持分法を適用することにより利害関係者の判断を著しく誤らせるおそれのある関連会社（非連結子会社を含む）に対する投資については，持分法を適用しないものとするとされているが，IFRS では，IAS28.20 において，関連会社に対する投資のうち，売却目的保有への分類の要件を満たすものには IFRS 第 5 号売却目的で保有する非流動資産及び非継続事業を適用しなければならないとされているのみである。

第 6 章　連結の範囲　*193*

なお，日本基準では，持分法に関する会計基準第6項で非連結子会社及び関連会社に対する投資については，原則として持分法を適用するとされ，非連結子会社に持分法を適用するとされているが，IFRSでは，非連結子会社に関する規定はない。

2 IFRS における連結の範囲の実務上のポイント

　本格的な設例の解説に入る前に，IFRS における連結の範囲の実務上のポイントを整理しておこう。

[STEP1]　連結グループの投資先一覧表を作成する

[STEP2]　連結グループの投資先一覧表をもとに議決権等 5 つの基準をもとにして「図表 6-1-2　連結子会社の範囲の検討シート」を作成し，5 つの基準を総合的に判断し連結子会社になるか判定する。その際に，投資先一覧表から連結子会社になる可能性がある会社は全てリストアップする

[STEP3]　連結グループの投資先一覧表をもとに議決権等 7 つの基準をもとにして「図表 6-1-3　持分法関連会社の範囲の検討シート」を作成し，7 つの基準を総合的に判断し持分法関連会社になるか検討する。その際に，投資先一覧表から持分法関連会社になる可能性がある会社は全てリストアップする

第 6 章　連結の範囲　*195*

3 IFRS と日本基準における連結の範囲の差異のポイント整理

　本格的な設例の解説に入る前に，実務上の STEP 別に IFRS と日本基準における連結の範囲の差異を整理しておこう。

　なお，日本基準でも同じ 3 ステップを経るが，連結子会社及び関連会社の範囲ともに決定する基準が異なる。

　日本基準も IFRS と同様の 3 ステップを経るため，STEP にあわせて比較解説を行う。

① STEP1 連結グループの投資先一覧表を作成する

(1) IFRS

　特に日本基準と異なることはない。

(2) 日本基準

　議決権を保有している会社を全社リストアップする。

② STEP2 連結グループの投資先一覧表及び議決権等 5 つの基準をもとにして「図表 6-1-2　連結子会社の範囲の検討シート」を作成し，5 つの基準を総合的に判断し連結子会社になるか判定する。その際に，投資先一覧表から連結子会社になる可能性がある会社は全てリストアップする

(1) IFRS

　IFRS においては，IFRS 第 10 号連結財務諸表をもとに連結子会社になるか判定する。

　主に，下記 5 つの基準を総合的に判断し連結子会社になるか判定する。

　1. 議決権比率（IFRS10.B35）

196

2. 投資者と他の議決権保有者との間の契約上の取決め（IFRS10.B38）

3. 他の契約上の取決めから生じる権利（IFRS10.B38）

4. 投資者の議決権（IFRS10.B38）

5. 潜在的議決権（IFRS10.B38）

「4. 投資者の議決権」については，IFRS10.B42によると，投資者の議決権がパワーを得るのに十分かどうかを評価する際に，投資者は，下記項目を含めて，全ての事実と状況を考慮する。

(a) 他の議決権保有者の保有の規模及び分散状況との比較における投資者の議決権保有の相対的な規模

(b) 投資者，他の議決権保有者又は他の当事者が保有している潜在的議決権

(c) 他の契約上の取決めから生じる権利

(d) 意思決定を行う必要がある時に関連性のある活動を指図する現在の能力を，投資者が有していること又は有していないことを示す追加的な事実及び状況

(2) 日本基準

日本基準においては，連結財務諸表における子会社及び関連会社の範囲の決定に関する適用指針及び連結財務諸表に関する会計基準をもとに連結子会社になるか判定する。

主に，下記7つの基準を総合的に判断し連結子会社になるか判定する。

1. 議決権比率（連結財務諸表に関する会計基準第7項(1)）

2. 緊密な者（自己と出資，人事，資金，技術，取引等において緊密な関係があることにより自己の意思と同一の内容の議決権を行使すると認められる者）の議決権比率（連結財務諸表に関する会計基準第7項(2)①及び第7項(3)）

3. 同意している者（自己の意思と同一の内容の議決権を行使することに同意していると認められる者）の議決権比率（連結財務諸表に関する会計基準第7項(2)①及び第7項(3)）

4. 自己の役員，自己の業務を執行する社員若しくは使用人である者又はこ

第6章 連結の範囲　*197*

れらであった者で，自己の意向に沿って取締役としての業務を執行すると認められる者の員数が，取締役会の構成員の過半数を占めている場合（連結財務諸表に関する会計基準第7項(2)②）

5. 他の企業の重要な財務及び営業又は事業の方針の決定を支配する契約等が存在すること（連結財務諸表に関する会計基準第7項(2)③）

6. 他の企業の資金調達額（貸借対照表の負債の部に計上されているもの）の総額の過半について融資（債務の保証及び担保の提供を含む）を行っていること（自己と出資，人事，資金，技術，取引等において緊密な関係のある者が行う融資の額を合わせて資金調達額の総額の過半となる場合を含む）（連結財務諸表に関する会計基準第7項(2)④）

7. その他他の企業の意思決定機関を支配していることが推測される事実が存在すること（連結財務諸表に関する会計基準第7項(2)⑤）

連結財務諸表における子会社及び関連会社の範囲の決定に関する適用指針第14項によると，上記の状況は下記を参照されたい。

(1) 当該他の企業が重要な財務及び営業又は事業の方針を決定するにあたり，自己の承認を得ることとなっている場合

(2) 当該他の企業に多額の損失が発生し，自己が当該他の企業に対し重要な経営支援を行っている場合又は重要な経営支援を行うこととしている場合

(3) 当該他の企業の資金調達額（貸借対照表の負債の部に計上されているものに限らない）の総額の概ね過半について融資及び出資を行っている場合

なお，当該他の会社の株主総会において，議決権を行使しない株主（株主総会に出席せず，かつ委任状による議決権の行使も行わない株主をいう）が存在することにより，その有効議決権に対し，自己が過半数を占める状態が過去相当期間継続しており，当該事業年度に係る株主総会においても同様と考えられるときには，意思決定機関を支配していると推測することを妨げない。

なお，子会社及び関連会社の範囲の決定に関する適用指針第19項で，支配

が一時的であると認められる企業以外の企業であって，子会社のうち，連結することにより利害関係者の判断を著しく誤らせるおそれのある企業は，連結の範囲に含めないものとしている。

また，子会社及び関連会社の範囲の決定に関する適用指針第 20 項でも，更生会社，破産会社その他これらに準ずる企業であって，かつ，有効な支配従属関係が存在しないと認められる企業は，子会社に該当しないものとするとされている。

③ [STEP3] 連結グループの投資先一覧表及び議決権等 7 つの基準をもとにして「図表 6-1-3　持分法関連会社の範囲の検討シート」を作成し，7 つの基準を総合的に判断し持分法関連会社になるか検討する。その際に，投資先一覧表から持分法関連会社になる可能性がある会社は全てリストアップする

(1)　IFRS

IFRS においては，IAS 第 28 号関連会社及び共同支配企業に対する投資をもとに持分法関連会社になるか判定する。

主に，下記の 7 つの基準を総合的に判断し持分法関連会社になるか判定する。

1. 議決権比率（IAS28.5）
2. 投資先の取締役会又は同等の経営機関への参加（IAS28.6）
3. 方針決定プロセスへの参加（配当その他の分配の意思決定への参加を含む）（IAS28.6）
4. 企業と投資先との間の重要な取引（IAS28.6）
5. 経営陣の人事交流（IAS28.6）
6. 重要な技術情報の提供（IAS28.6）
7. 潜在的議決権（IAS28.7）

(2)　日本基準

日本基準においては，連結財務諸表における子会社及び関連会社の範囲の決定に関する適用指針及び持分法に関する会計基準をもとに持分法関連会社にな

第 6 章　連結の範囲　*199*

るか判定する。

　主に，下記の8つの基準を総合的に判断し持分法関連会社になるか判定する。

1. 議決権比率（持分法に関する会計基準第5項2(1)）

2. 緊密な者（自己と出資，人事，資金，技術，取引等において緊密な関係があることにより自己の意思と同一の内容の議決権を行使すると認められる者）の議決権比率（持分法に関する会計基準第5項2(3)）

3. 同意している者（自己の意思と同一の内容の議決権を行使することに同意していると認められる者）の議決権比率（持分法に関する会計基準第5項2(3)）

4. 役員若しくは使用人である者，又はこれらであった者で自己が子会社以外の他の企業の財務及び営業又は事業の方針の決定に関して影響を与えることができる者が，当該子会社以外の他の企業の代表取締役，取締役又はこれらに準ずる役職に就任していること（持分法に関する会計基準第5項2(2)①）

5. 子会社以外の他の企業に対して重要な融資（債務の保証及び担保の提供を含む。）を行っていること（持分法に関する会計基準第5項2(2)②）

6. 子会社以外の他の企業に対して重要な技術を提供していること（持分法に関する会計基準第5項2(2)③）

7. 子会社以外の他の企業との間に重要な販売，仕入その他の営業上又は事業上の取引があること（持分法に関する会計基準第5項2(2)④）

8. その他子会社以外の他の企業の財務及び営業又は事業の方針の決定に対して重要な影響を与えることができることが推測される事実が存在すること（持分法に関する会計基準第5項2(2)⑤）

　連結財務諸表における子会社及び関連会社の範囲の決定に関する適用指針第22項によると，他の企業の財務及び営業又は事業の方針の決定に重要な影響を与える契約が存在する場合等が該当する。

　なお，連結財務諸表における子会社及び関連会社の範囲の決定に関する適用指針第25項によると，子会社の場合と同様に，財務及び営業又は事業の方針

の決定に対する影響が一時的であると認められる関連会社に対する投資については，持分法を適用しないものとする。

　また，連結財務諸表における子会社及び関連会社の範囲の決定に関する適用指針第26項によると，子会社の場合と同様に，持分法を適用することにより利害関係者の判断を著しく誤らせるおそれのある関連会社（非連結子会社を含む）に対する投資については，持分法を適用しないものとする。

4 IFRSにおける連結の範囲の設例解説

　ポイントとなる3つのステップを STEP1 は「図表6-1-1　投資先一覧表」，STEP2 は「図表6-1-2　連結子会社の範囲の検討シート」，STEP3 は「図表6-1-3　持分法関連会社の範囲の検討シート」に主要論点を落とし込むことにより整理する。

　本設例では，福留聡株式会社の議決権保有会社を投資先一覧表で把握のうえで，連結子会社になるか，持分法関連会社になるか，連結対象外の会社になるかの判定をステップの順で行い解説する。

① STEP1 連結グループの投資先一覧表を作成する。

　福留聡株式会社の連結グループが議決権を保有している会社を全社リストアップすると下記「図表6-1-1　投資先一覧表」の通りになる。

図表 6-1-1　投資先一覧表

会社等の名等	議決権比率
福留国際会計コンサルティング株式会社	100.00%
伊達政宗株式会社	51.00%
空海株式会社	45.00%
徳川家康株式会社	44.00%
福留商事株式会社	40.00%
織田信長株式会社	40.00%
福留聡コンサルティング株式会社	30.00%
株式会社豊臣秀吉	30.00%
株式会社毛利元就	18.00%
株式会社長宗我部元親	15.00%

202

② [STEP2] 連結グループの投資先一覧表及び議決権等5つの基準をもとにして「図表6-1-2　連結子会社の範囲の検討シート」を作成し，5つの基準を総合的に判断し連結子会社になるか判定する。その際に，投資先一覧表から連結子会社になる可能性がある会社は全てリストアップする。

「図表6-1-2　連結子会社の範囲の検討シート」を参照されたい。下記の図表をもとに1社ずつ連結子会社の判定を解説する。

図表6-1-2　連結子会社の範囲の検討シート

会社等の名等	1 議決権比率	2 他の議決権保有者との間の契約上の取決め	3 他の契約上の取決めから生じる権利	4 投資者の議決権	5 潜在的議決権
福留国際会計コンサルティング株式会社	100.00%	—	—	—	—
伊達政宗株式会社	51.00%	—	—	—	—
空海株式会社	45.00%	他の11の投資者はそれぞれ投資先の議決権5％ずつを保有しており，株主間の合意により，経営者の選任，解任及び報酬決定を行う権利が与えられている。	—	—	—
徳川家康株式会社	44.00%	—	—	他の投資者2社でそれぞれ議決権が30％，26％を保有しており，意思決定に影響を及ぼす取決めはない。	—
福留商事株式会社	40.00%	—	—	多数の株主がおり，単独では他の投資者の議決権比率は1％未満であり，互いに協議や集団的意思決定を行うためのいかなる取り決めもない。	—
織田信長株式会社	40.00%	他の2名の投資者はそれぞれ投資先の議決権5％ずつを保有しており，それ以外は多数の株主がそれぞれ1％未満の議決権を保有している。株主には，互いの協議や集団的意思決定を行うための取決めはない。投資者の関連性のある活動の意思決定には，該当する株主総会での投票の過半数の承認を要し，直近の株主総会では，投資先の議決権の90％が投票されている。	—	—	—
福留聡コンサルティング株式会社	30.00%	—	—	—	25.00%
株式会社豊臣秀吉	30.00%	—	—	—	30.00%

会社等の名等	判 定	コメント
福留国際会計コンサルティング株式会社	○子会社	議決権の過半数を保有している。
伊達政宗株式会社	○子会社	議決権の過半数を保有している。
空海株式会社	○子会社	議決権の過半数は保有していないが，経営者の選任，解任及び報酬決定を行う契約上の権利を有しているため投資先に対するパワーを有している。
徳川家康株式会社	×子会社ではない	他の投資者2社が協力すれば，福留聡株式会社が投資先の関連性のある活動を指図することを阻止できる。
福留商事株式会社	○子会社	他の議決権保有者の保有の規模及び分散状況との比較における投資者の議決権保有の相対的な規模を考慮すると議決権は過半数でないが投資先に対するパワーを有している。
織田信長株式会社	×子会社ではない	直近の株主総会では，投資先の議決権の90％が投票されており，福留聡株式会社の議決権比率では，関連性のある活動を一方的に指図する実質上の能力を有していない。
福留聡コンサルティング株式会社	○子会社	潜在的議決権25％は，宮本武蔵株式会社から予め定められた一定の価格で普通株式を取得するいつでも行使可能なコールオプションを有しており，行使し，普通株式に転換すればシナジーの実現により便益を得る。
株式会社豊臣秀吉	×子会社ではない	福留聡株式会社はもう一人の株主から30％の議決権を取得するオプションを有しており，今後1年間にわたり固定価格で行使可能であるが，今後1年間行使しない状態であると見込まれる。

(1) 福留国際会計コンサルティング株式会社

IFRS10.B35 によると，投資先の議決権の過半数を有する投資者は，例外的な状況を除いて原則としてパワーを有するとされており，福留聡株式会社が100％の議決権を保有する福留国際会計コンサルティング株式会社は子会社となる。

(2) 伊達政宗株式会社

IFRS10.B35 によると，投資先の議決権の過半数を有する投資者は，例外的な状況を除いて原則としてパワーを有するとされており，福留聡株式会社が51％の議決権を保有する伊達政宗株式会社は子会社となる。

(3) 空海株式会社

IFRS10.B42，IFRS10.B43 及びその「適用例の設例 5」を参照の上，判断すると，福留聡株式会社は空海株式会社の議決権 45％と議決権の過半数を保有しておらず，また，他の 11 の投資者はそれぞれ投資先の議決権 5％ずつを保有していることから，投資者の株式保有の絶対的な規模と他の株式保有の相対的規模だけでは，福留聡株式会社が空海株式会社に対してパワーを得るのに十分な権利を保有していると判断するには決定的でない。

しかし，福留聡株式会社は，経営者の選任，解任及び報酬決定を行う契約上

の権利を有しているため投資先に対するパワーを有していると判断でき，空海株式会社は子会社と判断できる。

(4) 徳川家康株式会社

IFRS10.B42，IFRS10.B43 及びその「適用例の設例 6」参照のうえ，判断すると，福留聡株式会社は徳川家康株式会社の議決権 44％と議決権の過半数を保有しておらず，意思決定に影響を及ぼす取決めはないため，他の投資者 2 社が協力すれば，福留聡株式会社が投資先の関連性のある活動を指図することを阻止できることから，福留聡株式会社がパワーを有しておらず，徳川家康株式会社は子会社でないと判断できる。

(5) 福留商事株式会社

IFRS10.B42，IFRS10.B43 及びその「適用例の設例 4」参照のうえ，判断すると，福留聡株式会社は福留商事株式会社の議決権 40％と議決権の過半数を保有していないが，多数の株主がおり，単独では他の投資者の議決権比率は 1％未満であり，互いに協議や集団的意思決定を行うためのいかなる取決めもないことから，他の議決権保有者の保有の規模及び分散状況との比較における投資者の議決権保有の相対的な規模を考慮すると議決権は過半数でないが投資先に対するパワーを有していると判断でき，福留商事株式会社は子会社と判断できる。

(6) 織田信長株式会社

IFRS10.B42，IFRS10.B45 及びその「適用例の設例 8」参照のうえ，判断すると，福留聡株式会社は織田信長株式会社の議決権 40％と議決権の過半数を保有しておらず，最近の株主総会の他の株主の活発的な参加は，福留聡株式会社の議決権比率では，関連性のある活動を一方的に指図する実質上の能力を有していないため，織田信長株式会社は子会社でないと判断できる。

(7) 福留聡コンサルティング株式会社

IFRS10.B47，IFRS10.B50 及びその「適用例の設例 10」参照のうえ，判断すると，福留聡株式会社は福留聡コンサルティング株式会社の議決権 30％と議決権の過半数を保有していないが，潜在的議決権 25％は，宮本武蔵株式

会社から予め定められた一定の価格で普通株式を取得するいつでも行使可能な
コールオプションを有している。それを行使し，普通株式に転換すれば議決権
の過半数を取得し，シナジーの実現により便益を得るため，福留聡株式会社は，
議決権とともに，関連性のある活動を指図する現在の能力を与える実質的な潜
在的議決権を有しており，福留聡コンサルティング株式会社は子会社と判断で
きる。

(8)　株式会社豊臣秀吉

　IFRS10.B47，IFRS10.B50及びその「適用例の設例9」参照の上，判断す
ると，福留聡株式会社は株式会社豊臣秀吉の議決権30％と議決権の過半数を
保有しておらず，もう一人の株主から30％の議決権を取得するオプションを
有している。それを今後1年間にわたり固定価格で行使可能であるが，今後1
年間行使しない状態であると見込まれるため，当該オプションは実質的なもの
とは考えられず，株式会社豊臣秀吉は子会社でないと判断できる。

③　STEP3 連結グループの投資先一覧表及び議決権等7つの基準をも
　　とにして「図表6-1-3　持分法関連会社の範囲の検討シート」を
　　作成し，7つの基準を総合的に判断し持分法関連会社になるか検
　　討する。その際に，投資先一覧表から持分法関連会社になる可能
　　性がある会社は全てリストアップする

　「図表6-1-3　持分法関連会社の範囲の検討シート」を参照されたい。下記
の図表をもとに1社ずつ持分法関連会社の判定を解説する。

図表6-1-3　持分法関連会社の範囲の検討

子会社以外の会社等の名等	1 議決権比率	2 投資先の取締役会又は同等の経営機関への参加	3 方針決定プロセスへの参加(配当その他の分配の意思決定への参加を含む)	4 企業と投資先との間の重要な取引	5 経営陣の人事交流	6 重要な技術情報の提供	7 潜在的議決権
徳川家康株式会社	44.00%	—	—	—	—	—	—
織田信長株式会社	40.00%	—	—	—	—	—	—
株式会社豊臣秀吉	30.00%	—	—	—	—	—	—
株式会社毛利元就	18.00%	—	—	—	—	—	—
株式会社長宗我部元親	15.00%	福留聡株式会社の代表取締役が執行委員会の重要なメンバーを兼ねている。	—	—	—	—	—

子会社以外の会社等の名等	判定	コメント
徳川家康株式会社	○関連会社	議決権の20％以上を保有している。
織田信長株式会社	○関連会社	議決権の20％以上を保有している。
株式会社豊臣秀吉	○関連会社	議決権の20％以上を保有している。
株式会社毛利元就	×関連会社ではない	議決権の20％未満しか保有しておらず，重要な影響力が明確に証明できない。
株式会社長宗我部元親	○関連会社	福留聡株式会社の代表取締役が執行委員会の重要なメンバーを兼ねているため，会社に重要な影響力を有している。

(1) 徳川家康株式会社

徳川家康株式会社は STEP2 で解説した通り，子会社でないが，福留聡株式会社は徳川家康株式会社の議決権44％を保有しており，IAS28.5によると，議決権の20％以上を，直接的に又は間接的に保有している場合には，重要な影響力がないことを明確に証明できない限り，企業は重要な影響力を有していると推定されるため，関連会社と判断できる。

(2) 織田信長株式会社

織田信長株式会社は STEP2 で解説した通り，子会社でないが，福留聡株式会社は織田信長株式会社の議決権40％を保有しており，(1)と同様に，関連会社と判断できる。

(3) 株式会社豊臣秀吉

　株式会社豊臣秀吉は STEP2 で解説した通り，子会社でないが，福留聡株式
会社は株式会社豊臣秀吉の議決権 30 ％を保有しており，(1)(2)と同様に，関連
会社と判断できる。

(4) 株式会社毛利元就

　IAS28.5 によると，企業が，直接的に又は間接的に，投資先の議決権の
20 ％未満しか保有していない場合には，重要な影響力が明確に証明できる場
合を除き，企業は重要な影響力を有していないと推定される。福留聡株式会社
は株式会社毛利元就の議決権 18 ％しか保有しておらず，重要な影響力が明確
に証明できないため，株式会社毛利元就は福留聡株式会社の関連会社でないと
判断できる。

(5) 株式会社長宗我部元親

　IAS28.5 によると，企業が，直接的に又は間接的に，投資先の議決権の
20 ％未満しか保有していない場合には，重要な影響力が明確に証明できる場
合を除き，企業は重要な影響力を有していないと推定される。福留聡株式会社
は株式会社長宗我部元親の議決権 15 ％しか保有していないが，IAS28.6 によ
ると，企業による重要な影響力は，投資先の取締役会又は同等の経営機関への
参加等で証明でき，福留聡株式会社の代表取締役が株式会社長宗我部元親の執
行委員会の重要なメンバーを兼ねており，重要な影響力が明確に証明できるた
め，株式会社長宗我部元親は福留聡株式会社の関連会社と判断できる。

第7章

関連当事者についての開示

1 関連当事者についての開示の関連基準の整理

本章では，IAS 第 24 号の関連当事者についての開示について解説する。

IAS24.2 によると，IAS 第 24 号は下記の事項に適用しなければならない。

(a) 関連当事者との関係及び取引の識別

(b) 企業とその関連当事者間との間のコミットメントを含む未決済残高の識別

(c) 上記の(a)及び(b)の項目の開示が要求される状況の識別

(d) 当該項目について行われる開示の決定

IAS24.3 によると，IAS 第 24 号は連結財務諸表だけでなく個別財務諸表にも適用され，個別財務諸表での開示も強制される。しかし，日本基準では，関連当事者の開示に関する会計基準第 4 項において，全ての会社の連結財務諸表又は個別財務諸表における関連当事者の開示に適用されるが，連結財務諸表で関連当事者の開示を行っている場合は，個別財務諸表での開示を要しないとされている。

関連当事者の範囲を IAS24.9 に従い整理すると「図表 7-1-1　関連当事者の範囲（IFRS)」の通りになる。

210

図表 7-1-1　関連当事者の範囲（IFRS）

		属性	条項	IAS24.19 の個別開示の分類
	1	親会社	(IAS24.9 (b)(i))	親会社
	2	子会社	(IAS24.9 (b)(i))	子会社
	3	兄弟会社	(IAS24.9 (b)(i))	その他の関連当事者
	4	関連会社	(IAS24.9 (b)(ii))	関連会社
	5	共同支配企業	(IAS24.9 (b)(ii))	企業が共同投資者となっている共同支配企業
	6	報告企業が他の企業の関連会社である場合における当該他の企業	(IAS24.9 (b)(ii))	企業に対して共同支配又は重要な影響力を有する企業
	7	報告企業が他の企業の共同支配企業である場合における当該他の企業	(IAS24.9 (b)(ii))	企業に対して共同支配又は重要な影響力を有する企業
Ⅰ 法人グループ	8	報告企業が一員となっているグループの他の企業の関連会社	(IAS24.9 (b)(ii))	その他の関連当事者
	9	報告企業が一員となっているグループの他の企業の共同支配企業	(IAS24.9 (b)(ii))	その他の関連当事者
	10	報告企業が他の企業の関連会社である場合における当該他の企業が属するグループの他の企業	(IAS24.9 (b)(ii))	その他の関連当事者
	11	報告企業が他の企業の共同支配企業である場合における当該他の企業が属するグループの他の企業	(IAS24.9 (b)(ii))	その他の関連当事者
	12	報告企業を共同支配する企業に共同支配される他の企業	(IAS24.9 (b)(iii))	その他の関連当事者
	13	報告企業を共同支配する企業の関連会社	(IAS24.9 (b)(iv))	その他の関連当事者
	14	報告企業が他の企業の関連会社である場合における他の企業の共同支配企業	(IAS24.9 (b)(iv))	その他の関連当事者
	15	関連会社の子会社	(IAS24.12)	その他の関連当事者
	16	共同支配企業の子会社	(IAS24.12)	その他の関連当事者
	17	報告企業又は報告企業と関連ある企業のいずれかの従業員の給付のための退職後給付制度	(IAS24.9 (b)(v))	その他の関連当事者
	1	報告企業に対する支配又は共同支配を有している個人又は当該個人の近親者	(IAS24.9 (a)(i))	その他の関連当事者
	2	報告企業に対する重要な影響力を有している個人又は当該個人の近親者	(IAS24.9 (a)(ii))	その他の関連当事者
	3	報告企業の経営幹部及びその近親者	(IAS24.9 (a)(iii))	企業又はその親会社の経営幹部
Ⅱ 個人グループ	4	報告企業の親会社の経営幹部及びその近親者	(IAS24.9 (a)(iii))	企業又はその親会社の経営幹部
	5	関連当事者である個人又は当該個人の近親者が支配又は共同支配する企業	(IAS24.9 (b)(vi))	その他の関連当事者
	6	関連当事者として報告企業を支配又は共同支配する個人又は当該個人の近親者が重要な影響力を有している企業	(IAS24.9 (b)(vii))	その他の関連当事者
	7	関連当事者として報告企業を支配又は共同支配する個人又は当該個人の近親者が経営幹部の一員である企業	(IAS24.9 (b)(vii))	その他の関連当事者
	8	関連当事者として報告企業を支配又は共同支配する個人又は当該個人の近親者が経営幹部の一員である企業の子会社	(IAS24.9 (b)(vii))	その他の関連当事者

第 7 章　関連当事者についての開示　*211*

IAS24.9によると，関連当事者の取引とは，報告企業と関連当事者との間の資源，サービス又は債務の移転をいい，対価の有無を問わない。

個人の近親者とは，IAS24.9によると，企業との取引において当該個人に影響を与えるか又は影響されると予想される親族の一員をいい，下記の者が含まれる。

(a) 当該個人の子及び配偶者又は家庭内パートナー

(b) 当該個人の配偶者又は家庭内のパートナーの子

(c) 当該個人又は当該個人の配偶者若しくは家庭内のパートナーの扶養家族

経営幹部とは，企業の活動を直接，間接に計画し，指示を行い，そして支配する権限及び責任を有する者をいう。

なお，IAS24.11で下記の場合は関連当事者とならないと記載されている。

(a) 2つの会社が単に共通の取締役又は経営幹部を有しているか又は一方の企業の経営幹部が他方の企業に重要な影響力を有しているのみである場合

(b) 2社の共同支配投資者が単に1つの共同支配企業に対する共同支配を共有しているのみの場合

(c) 次の者が，単に当該企業と通常の取引を行っているのみである場合

   (i) 金融機関

   (ii) 労働組合

   (iii) 公共事業体

   (iv) 政府の部門及び機関で，報告企業に対する支配，共同支配又は重要な影響力を有していないもの

(d) 企業が，単一の得意先，仕入先，フランチャイズ実施権付与者，卸売業者又は総代理店と多額の取引を行った結果，単純に経済的依存度が高まったのみである場合

関連当事者の開示に関して，IAS24.13によると，全ての企業は，親会社と

その子会社の間の関係を，それらの間で取引があったかどうかにかかわらず，開示しなければならない。

　企業は，その親会社の名称を開示し，親会社が最終的な支配当事者と異なる場合には，最終的な支配当事者の名称を開示しなければならない。企業の親会社も最終的な支配当事者も公表用の連結財務諸表を作成しない場合には，連結財務諸表を作成する次に上位の親会社の名称を開示しなければならない。

　IAS24.17によると，企業は，経営幹部の報酬の合計及び下記の項目に当てはまる各々について開示しなければならない。

(a) 短期従業員給付

(b) 退職後給付

(c) その他の長期給付

(d) 解雇給付

(e) 株式に基づく報酬

　IAS24.18によると，企業が財務諸表の開示対象期間の間に関連当事者との取引をしていた場合には，関連当事者との関係が財務諸表に与える潜在的な影響を利用者が理解するのに必要な，取引及びコミットメントを含む未決済残高に関する情報及び関連当事者との関係の内容を開示しなければならない。これらの開示要求はIAS24.17への追加となる。最低でも，開示には下記の項目が含まれていなければならない。

(a) 取引の金額

(b) コミットメントを含む未決済残高の金額と

　(i) それらの契約条件（担保が設定されているかどうか等）及び決済に用いられる対価の内容

　(ii) 付与している又は付与されている保証の詳細

(c) 未決済残高に係る貸倒引当金

(d) 関連当事者に対する不良債権について期中に認識した費用

なお，IAS24.4 によると，企業集団内の関連当事者との取引及び未決済残高については，企業集団に関する連結財務諸表を作成する場合には相殺消去する。

IAS24.19 によると，IAS24.18 で要求される開示は，下記の各項目について個別に行わなければならない。

(a) 親会社

(b) 企業に対して共同支配又は重要な影響力を有する企業

(c) 子会社

(d) 関連会社

(e) 企業が共同支配投資者となっている共同支配企業

(f) 企業又はその親会社の経営幹部

(g) その他の関連当事者

IAS24.21 によると関連当事者取引で開示される取引の例は下記の通りである。

(a) 物品（完成品又は未完成品）の購入又は販売

(b) 不動産及びその他の資産の購入又は販売

(c) サービスの提供又は受領

(d) リース

(e) 研究・開発の移転

(f) ライセンス契約による移転

(g) 財務契約による移転（借入及び金銭出資又は現物出資を含む）

(h) 保証又は担保の提供

(i) 未履行契約を含めて，将来において特定の事象が発生した場合又は発生しなかった場合に，何かを行うコミットメント（認識されているもの及び認識されていないもの）

(j) 企業に代わって行う負債の決済又は当該関連当事者に代わって企業が行う負債の決済

なお，IAS24.24 によると，企業の財務諸表に与える関連当事者との取引の影響力を理解するために個々の開示が必要とされる場合を除き，類似の性質をもつ項目は総額で開示することができる。

　開示の重要性であるが，IAS 第 24 号において関連当事者についての開示の要否に関する重要性の判断基準は明記されておらず，IAS 第 1 号財務諸表の表示に従い判断し，IAS1.7 において，項目の脱漏又は誤表示は，利用者が財務諸表を基礎として行う経済的意思決定に，個別に又は総体として影響を与える場合には，重要性があるとされている。重要性とは，それを取り巻く状況において判断される脱漏や誤表示の大きさや性質により決定され，当該項目の大きさや性質，又はその両方が重要性を判断する要因となり得るとされている。

2 IFRS における関連当事者についての開示の実務上のポイント

本格的な設例の解説に入る前に，IFRS における関連当事者についての開示の実務上のポイントを整理しておこう。

STEP1 個人グループの関連当事者の調査を調査票等を用いて行う

STEP2 関連当事者（個人グループ）の把握を関連当事者開示判定シート（個人グループ）を用いて行う

STEP3 関連当事者（法人グループ）の把握を関連当事者開示判定シート（法人グループ）を用いて行う

STEP4 関連当事者開示判定シートを用いて関連当事者取引の集計を行う

STEP5 関連当事者開示判定シートを用いて開示すべきかどうかの重要性の判定を行い，開示すべき項目を決める

3 IFRS と日本基準における関連当事者についての開示の差異のポイント整理

　本格的な設例の解説に入る前に，実務上の STEP 別に IFRS と日本基準における関連当事者についての開示の差異を整理しておこう。

　日本基準も IFRS と同じ 5 ステップを経るため，STEP にあわせて比較解説を行う。

① STEP1 個人グループの関連当事者の調査を調査票等を用いて行う

(1)　IFRS

　IFRS において，調査票の対象となるのは，「図表 7-1-1　関連当事者の範囲（IFRS）」のⅡ個人グループ 1～8 が対象となる。

　なお，IFRS では，日本基準のように法人グループ，個人グループと区分して規定していないが，本書では，分けた方が実務上有用と判断して，区分して判定する。

　IFRS では，日本基準のように近親者の範囲を 2 親等以内の親族とする，議決権比率 10％以上の主要株主を関連当事者として識別する等の数値基準はなく実質的に判断する必要がある。

(2)　日本基準

　調査票の対象となるのは個人主要株主，財務諸表提出会社・親会社・重要な子会社の役員（個人主要株主，役員等：「図表 7-1-2　関連当事者の範囲（日本基準）」のⅡ個人グループ 1～4）である。どの属性も，本人以外に 2 親等以内の近親者，本人・近親者の支配会社全て（「図表 7-1-2　関連当事者の範囲（日本基準）」のⅡ個人グループ 5）が対象となる。

第 7 章　関連当事者についての開示　　*217*

2 STEP2 関連当事者（個人グループ）の把握を関連当事者開示判定 シート（個人グループ）を用いて行う

(1) IFRS

STEP1 の調査票の記入を依頼して回収した結果に基づき関連当事者開示判定シート（個人グループ）に集計する。

IFRS においては，IAS24.17 で経営幹部に対する報酬総額及び下記の項目別の内訳を開示する必要がある。

(a) 短期従業員給付

(b) 退職後給付

(c) その他の長期給付

(d) 解雇給付

(e) 株式に基づく報酬

また，IFRS では，関連当事者の開示に関する会計基準第9項（1）のような規定はないため，通常通りの開示を行う必要がある。

IAS24.13 に記載があるように，親会社又は最終的な支配当事者の名称以外の開示は要求されていない。

IAS24.18 によると，企業が財務諸表の開示対象期間の関連当事者との取引をしていた場合には，関連当事者との関係が財務諸表に与える潜在的な影響を利用者が理解するのに必要な，取引及びコミットメントを含む未決済残高に関する情報及び関連当事者との関係の内容を開示しなければならない。下記にその項目を挙げる。

(a) 取引の金額

(b) コミットメントを含む未決済残高の金額と

　(i) それらの契約条件（担保が設定されているかどうか等）及び決済に用いられる対価の内容

　(ii) 付与している又は付与されている保証の詳細

(c) 未決済残高に係る貸倒引当金

(d) 関連当事者に対する不良債権について期中に認識した費用

上記から，日本基準では発生済みの債権債務を基礎として開示対象を決定するが，IFRS では，コミットメント契約に基づき将来の取引から生じる債権債務を含む未決済残高を開示する。

(2)　日本基準

　STEP1 の調査票の記入を依頼して回収した結果に基づき関連当事者開示判定シート（個人グループ）に集計する。

　関連当事者の開示に関する会計基準第 9 項（1）一般競争入札による取引並びに預金利息及び配当の受取りその他取引の性質からみて取引条件が一般の取引と同様であることが明白な取引（2）役員に対する報酬，賞与及び退職慰労金の支払いは開示対象外とされている。

　ただし，役員報酬等は財務諸表の枠外のコーポレート・ガバナンスの状況等で開示が要求されている。

　関連当事者の開示に関する会計基準の適用指針第 7 項によると，関連当事者の概要（会計基準第 10 項（1））には，名称又は氏名のほか，「関連当事者が個人の場合には，職業，財務諸表作成会社の議決権に対する当該関連当事者の所有割合」を記載する。

　関連当事者の開示に関する会計基準第 10 項によると，開示対象となる関連当事者との取引がある場合，原則として個々の関連当事者ごとに，以下の項目を開示する。

(a)　関連当事者の概要
(b)　会社と関連当事者との関係
(c)　取引の内容。なお，形式的・名目的には第三者との取引である場合は，形式上の取引先名を記載したうえで，実質的には関連当事者との取引である旨を記載する。
(d)　取引の種類ごとの取引金額
(e)　取引条件及び取引条件の決定方針
(f)　取引により発生した債権債務に係る主な科目別の期末残高
(g)　取引条件の変更があった場合は，その旨，変更内容及び当該変更が財務

諸表に与えている影響の内容

(h) 関連当事者に対する貸倒懸念債権及び破産更生債権等に係る情報（貸倒引当金繰入額，貸倒損失等）。

③ STEP3 関連当事者（法人グループ）の把握を関連当事者開示判定シート（法人グループ）を用いて行う

(1) IFRS

法人グループについては関連当事者の開示に関する会計基準，関連当事者の開示に関する適用指針上の「図表7-1-1　関連当事者の範囲（IFRS）」のⅠ法人グループ1～17に従い，属性ごとに対象となる法人を抽出し，「図表7-1-4　2017年3月期　関連当事者開示判定シート（法人グループ）」に集計する。

IAS24.13に記載があるように，親会社又は最終的な支配当事者の名称以外の開示は要求されていない。

開示される未決済残高の範囲については STEP2 と同様であるので，STEP2 を参照されたい。

IFRSでは，IAS24.25～27において，政府関連企業が関連当事者に該当する場合に開示について一定の免除規定があるが，日本基準には免除規定はない。

(2) 日本基準

法人グループについては関連当事者の開示に関する会計基準，関連当事者の開示に関する会計基準の適用指針上の「図表7-1-2　関連当事者の範囲（日本基準）」のⅠ法人グループ1～3にしたがい，属性ごとに対象となる法人を抽出し，関連当事者開示判定シート（法人グループ）に集計する。

関連当事者の開示に関する会計基準の適用指針第7項によると，関連当事者の概要（会計基準第10項(1)）には，名称又は氏名のほか，「関連当事者が法人（会社に準ずる事業体などを含む。以下同じ。）の場合には，所在地，資本金（出資金），事業の内容及び当該関連当事者の議決権に対する会社の所有割合又は財務諸表作成会社の議決権に対する当該関連当事者の所有割合」を記載する。

④ STEP4 関連当事者開示判定シートを用いて関連当事者取引の集計 を行う

(1) IFRS

STEP1 〜 STEP3 で全ての関連当事者を把握したのち，取引を集計していく。 集計を行う際，IAS24 号に従い下記の項目を設けて集計する。

IAS24.18 で開示が要求される項目は下記の通りになる。

(a) 取引の金額

(b) コミットメントを含む未決済残高の金額と

  (i) それらの契約条件（担保が設定されているかどうか等）及び決済に用 いられる対価の内容

  (ii) 付与している又は付与されている保証の詳細

(c) 未決済残高に係る貸倒引当金

(d) 関連当事者に対する不良債権について期中に認識した費用

IAS24.19 によると，IAS24.18 で要求される開示は，下記の各項目につい て個別に行わなければならない。

(a) 親会社

(b) 企業に対して共同支配又は重要な影響力を有する企業

(c) 子会社

(d) 関連会社

(e) 企業が共同支配投資者となっている共同支配企業

(f) 企業又はその親会社の経営幹部

(g) その他の関連当事者

(2) 日本基準

STEP1 〜 STEP3 で全ての関連当事者を把握したのち，取引を集計していく。

集計を行う際，関連当事者の開示に関する会計基準及び関連当事者の開示に 関する会計基準の適用指針に従い下記の項目を設けて集計する。

関連当事者の開示に関する会計基準第 10 項によると，開示対象となる関連 当事者との取引がある場合，原則として個々の関連当事者ごとに，以下の項目

第 7 章 関連当事者についての開示 *221*

を開示する。

(1) 関連当事者の概要

(2) 会社と関連当事者との関係

(3) 取引の内容。なお，形式的・名目的には第三者との取引である場合は，形式上の取引先名を記載した上で，実質的には関連当事者との取引である旨を記載する。

(4) 取引の種類ごとの取引金額

(5) 取引条件及び取引条件の決定方針

(6) 取引により発生した債権債務に係る主な科目別の期末残高

(7) 取引条件の変更があった場合は，変更内容及び当該変更が財務諸表に与えている影響の内容

(8) 関連当事者に対する貸倒懸念債権及び破産更生債権等に係る情報（貸倒引当金繰入額，貸倒損失等）。

関連当事者の開示に関する会計基準第5項に従い関連当事者を下記の属性に分類して開示する。

① 親会社

② 子会社

③ 財務諸表作成会社と同一の親会社をもつ会社

④ 財務諸表作成会社が他の会社の関連会社である場合における当該他の会社並びに当該その他の関係会社の親会社及び子会社

⑤ 関連会社及び当該関連会社の子会社

⑥ 財務諸表作成会社の主要株主及びその近親者

⑦ 財務諸表作成会社の役員及びその近親者

⑧ 親会社の役員及びその近親者

⑨ 重要な子会社の役員及びその近親者

⑩ ⑥から⑨に掲げる者が議決権の過半数を自己の計算において所有している会社及びその子会社

⑪ 従業員のための企業年金（企業年金と会社の間で掛金の拠出以外の重要

な取引を行う場合に限る）

⑤ [STEP5] 関連当事者開示判定シートを用いて開示すべきかどうかの重要性の判定を行い，開示すべき項目を決める

(1) IFRS

IFRS では，IAS 第 24 号において関連当事者についての開示の要否に関する重要性の判断基準は明記されておらず，IAS 第 1 号財務諸表の表示に従い判断する。IAS1.7 において，項目の脱漏又は誤表示は，利用者が財務諸表を基礎として行う経済的意思決定に，個別に又は総体として影響を与える場合には，重要性があるとされている。その重要性は，それを取り巻く状況において判断される脱漏や誤表示の大きさや性質により決定され，当該項目の大きさや性質，又はその両方が重要性を判断する要因となり得るとされている。

(2) 日本基準

関連当事者の開示に関する会計基準の適用指針第 12 項～第 20 項に基づき，重要な取引を開示対象とする。

関連当事者の開示に関する会計基準の適用指針第 15 項によると，関連当事者が法人グループ（第 13 項（1）から（3））である場合，以下の関連当事者との取引を開示対象とする。

（1）　連結損益計算書項目に属する科目に係る関連当事者との取引

①　売上高，売上原価，販売費及び一般管理費

売上高又は売上原価と販売費及び一般管理費の合計額の 10 ％を超える取引

②　営業外収益，営業外費用

営業外収益又は営業外費用の合計額の 10 ％を超える損益に係る取引（その取引総額を開示し，取引総額と損益が相違する場合には損益を併せて開示する）

③　特別利益，特別損失

1,000 万円を超える損益に係る取引（その取引総額を開示し，取引総額

第 7 章　関連当事者についての開示　*223*

と損益が相違する場合には損益を併せて開示する）

　ただし，②及び③の各項目に係る関連当事者との取引については，上記の判断基準により開示対象となる場合であっても，その取引総額が，税金等調整前当期純損益又は最近5年間の平均の税金等調整前当期純損益（当該期間中に税金等調整前当期純利益と税金等調整前当期純損失がある場合には，原則として税金等調整前当期純利益が発生した年度の平均とする）の10％以下となる場合には，開示を要しないものとする。

(2)　連結貸借対照表項目に属する科目の残高及びその注記事項に係る関連当事者との取引並びに債務保証等及び担保提供又は受入れ

①　その金額が総資産の1％を超える取引

②　資金貸借取引，有形固定資産や有価証券の購入・売却取引等については，それぞれの残高が総資産の1％以下であっても，取引の発生総額（資金貸付額等）が総資産の1％を超える取引（ただし，取引が反復的に行われている場合や，その発生総額の把握が困難である場合には，期中の平均残高が総資産の1％を超える取引を開示することもできる。）

③　事業の譲受又は譲渡の場合には，譲受又は譲渡の対象となる資産や負債が個々に取引されるのではなく，一体として取引されると考えられることから，対象となる資産又は負債の総額のいずれか大きい額が，総資産の1％を超える取引

　関連当事者の開示に関する会計基準の適用指針第16項によると，関連当事者が個人グループである場合，関連当事者との取引が，連結損益計算書項目及び連結貸借対照表項目等のいずれに係る取引についても，1,000万円を超える取引については，全て開示対象とする。

　ただし，会社の役員（親会社及び重要な子会社の役員を含む）若しくはその近親者が，他の法人の代表者を兼務しており（当該役員等が当該法人又は当該法人の親会社の議決権の過半数を自己の計算において所有している場合を除く），当該役員等がその法人の代表者として会社と取引を行うような場合には，

法人間における商取引に該当すると考えられるため，関連当事者が個人グループの場合の取引としては扱わず，法人グループの場合の取引に属するものとして扱う。

　なお，日本基準の関連当事者の範囲は，関連当事者の開示に関する会計基準によると，下記「図表7-1-2　関連当事者の範囲（日本基準）」の通りになる。

図表7-1-2　関連当事者の範囲（日本基準）

		属　性	内　　容
Ⅰ 法人グループ	1	親会社及び法人主要株主	①財務諸表提出会社の親会社 ②財務諸表提出会社のその他の関係会社（提出会社が他の会社の関連会社である場合における当該他の会社）及び当該その他の関係会社の親会社 ③自己又は他人（仮設人）の名義をもって発行済株式の総数の百分の十以上の株式（株式の所有の態様その他の事情を勘案して大蔵省令で定めるものを除く。）を有している法人株主
	2	関連会社等	①財務諸表提出会社の子会社 ②財務諸表提出会社の関連会社及び当該関連会社の子会社 ③従業員のための企業年金（企業年金と会社との間で掛金の拠出以外の重要な取引を行う場合に限る）
	3	兄弟会社等	①財務諸表提出会社の親会社の子会社 ②財務諸表提出会社のその他の関係会社の子会社 ③法人主要株主が議決権の過半数を自己の計算において所有している会社等及び当該会社等の子会社
Ⅱ 個人グループ	1	個人主要株主及びその近親者	取締役，監査役又はこれらに準ずる者 これらに準ずる者とは例えば相談役，顧問その他これらに類する者でその会社内における地位，職務等からみて取締役，監査役と同様に実質的に会社の経営に従事していると認められる者及び個人主要株主の二親等内の親族
	2	財務諸表作成会社の役員及びその近親者	取締役，監査役又はこれらに準ずる者 これらに準ずる者とは例えば相談役，顧問その他これらに類する者でその会社内における地位，職務等からみて取締役，監査役と同様に実質的に会社の経営に従事していると認められる者及び上記役員の二親等内の親族
	3	親会社の役員及びその近親者	取締役，監査役又はこれらに準ずる者 これらに準ずる者とは例えば相談役，顧問その他これらに類する者でその会社内における地位，職務等からみて取締役，監査役と同様に実質的に会社の経営に従事していると認められる者及び上記親会社の役員の二親等内の親族
	4	重要な子会社の役員及びその近親者	取締役，監査役又はこれらに準ずる者 これらに準ずる者とは例えば相談役，顧問その他これらに類する者でその会社内における地位，職務等からみて取締役，監査役と同様に実質的に会社の経営に従事していると認められる者及び上記重要な子会社の役員の二親等内の親族 重要な子会社とは会社グループの事業運営に強い影響力を持つ者が子会社の役員にいる場合には，当該役員も関連当事者となる。
	5	1～4に掲げる者が議決権の過半数を自己の計算において所有している会社及びその子会社が支配する会社及びその子会社	1～4の者が議決権の過半数を自己の計算において所有している会社等及び当該会社等の子会社 注）役員の近親者のみが議決権の過半数を所有している会社を含む

注1）「子会社」は，「親会社」により，財務および営業のまたは事業の方針を決定する機関の支配を受けている会社等をいい，組合その他これらに準じる事業体（外国におけるこれらに相当するものを含む）が含まれる。

注2）事業年度の途中で関連当事者となった場合，または関連当事者でなくなった場合は関連当事者であった期間中の取引が開示対象になるので，いずれも開示対象になる。重要性の判定も期間中の取引金額で判定する。

注3）形式的・名目的に第三者を経由した取引であっても，実質的な取引の相手方を関連当事者であるとみなす場合は，形式上・名目上の取引先を記載した上で，当該取引が実質的に関連当事者取引である旨を注記する必要がある。

第7章　関連当事者についての開示　**225**

4 IFRS における関連当事者についての開示の設例解説

　ポイントとなる 5 つのステップを STEP1 は「図表 7-1-3　関連当事者である株主又は経営幹部の近親者等調査票」，STEP2 は「図表 7-1-4　2017 年 3 月期　関連当事者開示判定シート（個人グループ）」，STEP3 は「図表 7-1-5　2017 年 3 月期　関連当事者開示判定シート（法人グループ）」，STEP4 及び STEP5 は「図表 7-1-4　2017 年 3 月期　関連当事者開示判定シート（個人グループ）」及び「図表 7-1-5　2017 年 3 月期　関連当事者開示判定シート（法人グループ）」に主要論点を落とし込むことにより整理する。

1　STEP1 個人グループの関連当事者の調査を調査票等を用いて行う

　関連当事者についての開示を行うために，まず初めに，関連当事者の範囲を確定する必要がある。法人グループは，報告企業が株式を保有していたり，取引があったり，役員を派遣しているため容易に把握できるが，個人グループの把握は容易でないため，調査票等を用いて関連当事者の把握をするのが実務上有用である。

　個人グループは，「図表 7-1-1　関連当事者の範囲（IFRS）」を用いると下記の 1~8 で構成される。

Ⅱ 個人グループ	1	報告企業に対する支配又は共同支配を有している個人又は当該個人の近親者	(IAS24.9 (a)(i))	その他の関連当事者
	2	報告企業に対する重要な影響力を有している個人又は当該個人の近親者	(IAS24.9 (a)(ii))	その他の関連当事者
	3	報告企業の経営幹部及びその近親者	(IAS24.9 (a)(iii))	企業又はその親会社の経営幹部
	4	報告企業の親会社の経営幹部及びその近親者	(IAS24.9 (a)(iii))	企業又はその親会社の経営幹部
	5	関連当事者である個人又は当該個人の近親者が支配又は共同支配する企業	(IAS24.9 (b)(vi))	その他の関連当事者
	6	関連当事者として報告企業を支配又は共同支配する個人又は当該個人の近親者が重要な影響力を有している企業	(IAS24.9 (b)(vii))	その他の関連当事者
	7	関連当事者として報告企業を支配又は共同支配する個人又は当該個人の近親者が経営幹部の一員である企業	(IAS24.9 (b)(vii))	その他の関連当事者
	8	関連当事者として報告企業を支配又は共同支配する個人又は当該個人の近親者が経営幹部の一員である企業の子会社	(IAS24.9 (b)(vii))	その他の関連当事者

　株主名簿や役員名簿等から対象者本人を抽出し，関連当事者である株主又は経営幹部の近親者等調査票を提出してもらうことになる。財務諸表提出会社の役員であれば，取締役会の会場にて事務連絡の形で予告させてもらい，その後メールする等の対応方法となるであろう。

　調査票は，下記「図表 7-1-3　関連当事者である株主又は経営幹部の近親者等調査票」を参照されたい。

　なお，本設例の前提として，福留聡株式会社が報告企業であり，連結財務諸表での関連当事者についての開示を検討している。

　代表取締役は福留聡，福留聡株式会社の大株主として福留親政が福留聡株式会社の議決権の 51 ％を保有し，福留聡株式会社を支配しており，福留親政の近親者として福留親美がいる。

図表 7-1-3　関連当事者である株主又は経営幹部の近親者等調査票

> 　2017/3/31 現在での支配又は共同支配を有している個人，重要な影響力を有している個人，経営幹部，親会社の経営幹部とそれぞれの近親者等の調査をお願いします。
> 　IFRS の関連当事者の確定の為，必要な調査依頼です。
>
> ≪作業手順≫
> (1)　記載を要する個人及びその近親者の範囲に属する方すべての個人情報を（表1）に記入して下さい。近親者には下記の者が該当します。
> 　(a)　当該個人の子及び配偶者又は家庭内パートナー
> 　(b)　当該個人の配偶者又は家庭内のパートナーの子
> 　(c)　当該個人又は当該個人の配偶者若しくは家庭内のパートナーの扶養家族
> (2)　（表1）に記入した個人が，議決権の 20％以上を保有している企業，経営幹部の一員である企業の情報及び経営幹部の一員である企業の子会社に関する事項を（表1）に併記して下さい。

（表1）

対象者	個 人 属 性 情 報			議決権の 20％以上を保有している企業，経営幹部の一員である企業の情報及び経営幹部の一員である企業の子会社に関する事項		
氏　名	株主，経営幹部等	議決権割合%	続柄	会社名	議決権割合%	当該法人での役職
福留親政	株主	51.0%	本人	福留サービス株式会社	80.0%	代表取締役
福留親政	株主	51.0%	本人	長宗我部元親株式会社	0.0%	監査役
福留親美	株主の近親者	0.0%	福留親政の配偶者	福留不動産株式会社	33.3%	代表取締役
福留聡	代表取締役	5.0%	本人	福留聡国際会計アドバイザリー株式会社	100.0%	代表取締役

② [STEP2] 関連当事者（個人グループ）の把握を関連当事者開示判定シート（個人グループ）を用いて行う

[STEP2] では，[STEP1] の調査票の記入を依頼して回収した結果に基づき「図表 7-1-4　2017 年 3 月期　関連当事者開示判定シート（個人グループ）」に集計する。

その際に，個人グループの関連当事者を網羅的に把握するために，取引の有無にかかわらず，全ての関連当事者をシートに記入するのが望ましい。下記「図表 7-1-4　2017 年 3 月期　関連当事者開示判定シート（個人グループ）」を参照されたい。

シートを作成する際に，「図表 7-1-1 関連当事者の範囲（IFRS）」の属性，開示分類及び IAS24.18 で最低限要求される開示事項である下記の項目は漏れないようにシートに記載し把握する必要がある。

(a) 取引の金額

(b) コミットメントを含む未決済残高の金額

(c) 未決済残高に係る貸倒引当金

(d) 関連当事者に対する不良債権について期中に認識した費用

図表 7-1-4　2017 年 3 月期　関連当事者開示判定シート（個人グループ）

福留聡株式会社の連結財務諸表

NO	属性	開示の分類	関連当事者の名称	議決権等の所有（被所有）割合	関係内容		取引の状況および債権債務の残高			
					役員の兼任等	取引の内容	取引条件	取引時の勘定科目	取引金額（単位：円）	
1	報告企業に対する支配又は共同支配を有している個人又は当該個人の近親者	その他の関連当事者	福留親政	(51%)	福留サービス株式会社　代表取締役長宗我部元親株式会社　監査役	該当なし	該当なし	該当なし	該当なし	
2	関連当事者である個人又は当該個人の近親者が支配又は共同支配する企業	その他の関連当事者	福留サービス株式会社	−	該当事項なし	物品の販売	毎期価格交渉の上，一般的取引条件と同様に決定	売上高	50,000,000	
3	関連当事者として報告企業を支配又は共同支配する個人又は当該個人の近親者が経営幹部の一員である企業	その他の関連当事者	長宗我部元親株式会社	−	該当事項なし	該当なし	該当なし	該当なし	該当なし	
4	報告企業に対する支配又は共同支配を有している個人又は当該個人の近親者	その他の関連当事者	福留親美	−	該当事項なし	該当なし	該当なし	該当なし	該当なし	
5	関連当事者として報告企業を支配又は共同支配する個人又は当該個人の近親者が重要な影響力を有している企業	その他の関連当事者	福留不動産株式会社	−	該当事項なし	不動産の購入	一般的取引条件と同様に決定	土地	100,000,000	
6	報告企業の経営幹部及びその近親者	企業又はその親会社の経営幹部	福留聡	(5%)	福留聡国際会計アドバイザリー株式会社代表取締役	該当なし	該当なし	該当なし	該当なし	
7	関連当事者である個人又は当該個人の近親者が支配又は共同支配する企業	その他の関連当事者	福留聡国際会計アドバイザリー株式会社	−	該当事項なし	該当なし	該当なし	該当なし	該当なし	

第 7 章　関連当事者についての開示　*229*

NO	属性	取引の状況および債権債務の残高					重要性の判定	結論	
		未決済期末残高の勘定科目	未決済残高（単位：円）	未決済残高に係る貸倒引当金（単位：円）	関連当事者に対する不良債権について期中に認識した費用の勘定科目	関連当事者に対する不良債権について期中に認識した費用（単位：円）		F/Sにおける開示の必要性	備考
1	報告企業に対する支配又は共同支配を有している個人又は当該個人の近親者	該当なし	該当なし	該当なし	該当なし	該当なし	−	−	
2	関連当事者である個人又は当該個人の近親者が支配又は共同支配する企業	売掛金	1,000,000	100,000	貸倒引当金繰入額	100,000	重要性あり	○	
3	関連当事者として報告企業を支配又は共同支配する個人又は当該個人の近親者が経営幹部の一員である企業	該当なし	該当なし	該当なし	該当なし	該当なし	−	−	
4	報告企業に対する支配又は共同支配を有している個人又は当該個人の近親者	該当なし	該当なし	該当なし	該当なし	該当なし	−	−	
5	関連当事者として報告企業を支配又は共同支配する個人又は当該個人の近親者が重要な影響力を有している企業	未払金	20,000,000	該当なし	該当なし	該当なし	重要性あり	○	
6	報告企業の経営幹部及びその近親者	該当なし	該当なし	該当なし	該当なし	該当なし	−	−	
7	関連当事者である個人又は当該個人の近親者が支配又は共同支配する企業	該当なし	該当なし	該当なし	該当なし	該当なし	−	−	

3 [STEP3] **関連当事者（法人グループ）の把握を関連当事者開示判定シート（法人グループ）を用いて行う**

法人グループについては下記「図表7-1-1　関連当事者の範囲（IFRS）」のⅠ法人グループ1～17にしたがい，属性ごとに対象となる法人を抽出し，「図表7-1-5　2017年3月期　関連当事者開示判定シート（法人グループ）」に集計する。

その際に，法人グループの関連当事者を網羅的に把握するために，取引の有無にかかわらず，全ての関連当事者をシートに記入するのが望ましい。

	1	親会社	(IAS24.9(b)(i))	親会社
	2	子会社	(IAS24.9(b)(i))	子会社
	3	兄弟会社	(IAS24.9(b)(i))	その他の関連当事者
	4	関連会社	(IAS24.9(b)(ii))	関連会社
	5	共同支配企業	(IAS24.9(b)(ii))	企業が共同投資者となっている共同支配企業
	6	報告企業が他の企業の関連会社である場合における当該他の企業	(IAS24.9(b)(ii))	企業に対して共同支配又は重要な影響力を有する企業
	7	報告企業が他の企業の共同支配企業である場合における当該他の企業	(IAS24.9(b)(ii))	企業に対して共同支配又は重要な影響力を有する企業
I 法人グループ	8	報告企業が一員となっているグループの他の企業の関連会社	(IAS24.9(b)(ii))	その他の関連当事者
	9	報告企業が一員となっているグループの他の企業の共同支配企業	(IAS24.9(b)(ii))	その他の関連当事者
	10	報告企業が他の企業の関連会社である場合における当該他の企業が属するグループの他の企業	(IAS24.9(b)(ii))	その他の関連当事者
	11	報告企業が他の企業の共同支配企業である場合における当該他の企業が属するグループの他の企業	(IAS24.9(b)(ii))	その他の関連当事者
	12	報告企業を共同支配する企業に共同支配される他の企業	(IAS24.9(b)(iii))	その他の関連当事者
	13	報告企業を共同支配する企業の関連会社	(IAS24.9(b)(iv))	その他の関連当事者
	14	報告企業が他の企業の関連会社である場合における他の企業の共同支配企業	(IAS24.9(b)(iv))	その他の関連当事者
	15	関連会社の子会社	(IAS24.12)	その他の関連当事者
	16	共同支配企業の子会社	(IAS24.12)	その他の関連当事者
	17	報告企業又は報告企業と関連ある企業のいずれかの従業員の給付のための退職後給付制度	(IAS24.9(b)(v))	その他の関連当事者

　下記「図表7-1-5　2017年3月期　関連当事者開示判定シート（法人グループ)」を参照されたい。

　「図表7-1-5　2017年3月期　関連当事者開示判定シート（法人グループ)」を作成する際に，「図表7-1-1　関連当事者の範囲（IFRS)」の属性，開示分類及びIAS24.18で最低限要求される開示事項である下記の項目は漏れないようにシートに記載し把握する必要がある。

(a)　取引の金額

(b)　コミットメントを含む未決済残高の金額

第7章　関連当事者についての開示　　*231*

(c) 未決済残高に係る貸倒引当金

(d) 関連当事者に対する不良債権について期中に認識した費用

図表 7-1-5　2017 年 3 月期　関連当事者開示判定シート（法人グループ）

福留聡株式会社の連結財務諸表

| NO | 属性 | 開示の分類 | 関連当事者の名称 | 議決権等の所有（被所有）割合 | 関係内容 | | 取引の状況および債権債務の残高 | | | |
					役員の兼任等	取引の内容	取引条件	取引時の勘定科目	取引金額（単位：円）
1	子会社	子会社	福留商事株式会社	100%	当社から代表取締役福留儀重を派遣	連結ベースゆえ子会社の取引債権債務が全額消去により該当なし			
2	関連会社	関連会社	福留コンサルティング株式会社	35%	－	物品の購入	毎期価格交渉の上，一般的取引条件と同様に決定	仕入高	21,000,000
						資金の貸付	市場金利等を勘案して合理的に決定	貸付金	50,000,000
						利息の受取	市場金利等を勘案して合理的に決定	受取利息	2,000,000
3	報告企業が他の企業の関連会社である場合における当該他の企業	企業に対して共同支配又は重要な影響力を有する企業	株式会社福留潔	(25%)	株式会社福留潔の代表取締役福留潔を取締役として弊社へ派遣	サービスの提供	毎期価格交渉の上，一般的取引条件と同様に決定	売上高	4,800,000
4	報告企業が他の企業の関連会社である場合における当該他の企業が属するグループの他の企業	その他の関連当事者	株式会社福留潔ホールディングス	－	株式会社福留潔の親会社であり，株式会社福留潔ホールディングスの代表取締役福留潔を取締役として弊社へ派遣	リース	毎期価格交渉の上，一般的取引条件と同様に決定	リース料	12,000,000

NO	属性	取引の状況および債権債務の残高					重要性の判定	結論	
		未決済期末残高の勘定科目	未決済期末残高（単位：円）	未決済残高に係る貸倒引当金（単位：円）	関連当事者に対する不良債権について期中に認識した費用の勘定科目	関連当事者に対する不良債権について期中に認識した費用（単位：円）		F/Sにおける開示の必要性	備考
1	子会社	連結ベースゆえ子会社の取引債権債務が全額消去により該当なし							
2	関連会社	買掛金	5,000,000	該当なし	該当なし	該当なし	重要性あり	○	－
		貸付金	44,000,000	該当なし	該当なし	該当なし	重要性あり	○	－
		未収収益	500,000	該当なし	該当なし	該当なし	重要性あり	○	－
3	報告企業が他の企業の関連会社である場合における当該他の企業	売掛金	1,800,000	該当なし	該当なし	該当なし	重要性あり	○	－
4	報告企業が他の企業の関連会社である場合における当該他の企業が属するグループの他の企業	未払金	2,000,000	該当なし	該当なし	該当なし	重要性なし	○	－

④ [STEP4] 関連当事者開示判定シートを用いて関連当事者取引の集計を行う

[STEP1]～[STEP3]で全ての関連当事者を把握したのち，取引を集計していく。

また，留意点として，IAS24.3によると，IAS第24号は連結財務諸表だけでなく個別財務諸表にも適用され，個別財務諸表での開示も強制される。IAS24.4によると，企業集団内の関連当事者との取引及び未決済残高については，企業集団に関する連結財務諸表を作成する場合には相殺消去するため，連結財務諸表の開示では，連結子会社との取引は開示されないが，個別財務諸表では，連結子会社との取引は開示される。

本設例では，福留聡株式会社の連結財務諸表を前提としているため，「図表7-1-5 2017年3月期 関連当事者開示判定シート（法人グループ）」のNo.1を参照して分かる通り，連結子会社である福留商事株式会社との取引は，連結ベースゆえ子会社の取引債権債務が全額消去により該当なしと記載されている。

なお，本設例では，経営幹部に対する報酬の開示は単純な集計のため省略しているが，下記の項目ごとに集計し開示する必要がある。

(a) 短期従業員給付

(b) 退職後給付

(c) その他の長期給付

(d) 解雇給付

(e) 株式に基づく報酬

5 STEP5 関連当事者開示判定シートを用いて開示すべきかどうかの重要性の判定を行い，開示すべき項目を決める

STEP4 まで集計された関連当事者取引について財務諸表上の注記の対象とするかどうかを検討する。

ただし，IFRS では，IAS 第 24 号において関連当事者についての開示の要否に関する重要性の判断基準は明記されておらず，IAS 第 1 号財務諸表の表示に従い判断し，IAS1.7 において，項目の脱漏又は誤表示は，利用者が財務諸表を基礎として行う経済的意思決定に，個別に又は総体として影響を与える場合には，重要性があるとされている。重要性とは，それを取り巻く状況において判断される脱漏や誤表示の大きさや性質により決定され，当該項目の大きさや性質，又はその両方が重要性を判断する要因となり得るとされている。

本設例においては，全ての関連当事者取引を重要性ありとしているが，実務上は，日本基準の重要性も参考にしつつ，会社ごとに質的重要性及び金額的重要性を考慮し，全ての関連当事者取引をリストアップの上で監査法人と協議し，注記する取引を決定することになる。

6 関連当事者についての開示の注記（参考例）

最後に，本設例の関連当事者についての開示の注記の参考例を掲載しておく。

参考例は，金融庁が 2016 年 3 月 31 日に開示した IFRS に基づく連結財務諸表の開示例を参考に作成しているが，特に様式は決められていない。

下記「図表 7-1-6　2017 年 3 月期　関連当事者についての開示」を参照されたい。

　IAS24.18 及び IAS24.19 をもとに開示で必要な項目を抽出し，そのうえで，必要な内容，金額を「図表 7-1-4　2017 年 3 月期　関連当事者開示判定シート（個人グループ）」及び「図表 7-1-5　2017 年 3 月期　関連当事者開示判定シート（法人グループ）」から転記して作成している。

図表 7-1-6　2017 年 3 月期　関連当事者についての開示

【自　平成 28 年 4 月 1 日　至　平成 29 年 3 月 31 日】

(単位：円)

関連当事者の種類	取引内容	取引金額	未決済残高	未決済残高に関する貸倒引当金	不良債権について期中に認識した費用	参照
関連会社	物品の購入	21,000,000	5,000,000			図表 7-1-5 No.2
関連会社	資金の貸付	50,000,000	44,000,000			図表 7-1-5 No.2
関連会社	利息の受取	2,000,000	500,000			図表 7-1-5 No.2
企業に対して共同支配又は重要な影響力を有する企業	サービスの提供	4,800,000	1,800,000			図表 7-1-5 No.3
その他の関連当事者	リース	12,000,000	2,000,000			図表 7-1-5 No.4
その他の関連当事者	物品の販売	50,000,000	1,000,000	100,000	100,000	図表 7-1-5 No.2
その他の関連当事者	不動産の購入	100,000,000	20,000,000			図表 7-1-5 No.5

第 7 章　関連当事者についての開示

［著者紹介］

福留　聡（ふくどめ　さとし）

公認会計士税理士ワシントン州米国公認会計士米国税理士　福留　聡　事務所所長

福留聡国際会計アドバイザリー株式会社　代表取締役

（日本・米国ワシントン州）公認会計士・（日本・米国）税理士

　昭和51年，高知県生まれ広島県育ち。平成11年，慶應義塾大学商学部卒業。平成10年国家公務員Ⅰ種試験（現　国家公務員採用総合職試験）経済職合格。平成14年，公認会計士第二次試験合格後，監査法人トーマツ（現　有限責任監査法人トーマツ）入所。平成18年，公認会計士第三次試験合格。その後，あずさ監査法人（現　有限責任あずさ監査法人）を経て，平成22年独立開業。平成22年米国公認会計士試験合格。平成26年米国税理士試験合格。

　主に，監査法人で上場企業の監査業務を経験した後，現在は，日本及び海外証券取引所（主にカナダ及び香港）のIPO支援，財務デューディリジェンス，バリュエーション，上場企業の決算支援，IFRS導入支援，監査法人対応支援，IFRS・USGAAP・JGAAPのコンバージョン，US-SOX・J-SOXのコンバージョン，日本及び米国の税務（法人，個人事業主の顧問及び相続税），セミナーなどを行っている。

　また，アメブロの「日米公認会計士・日米税理士・国家公務員Ⅰ種試験経済職合格者　福留　聡のブログ」は会計・税務・監査等の時事テーマを中心に投稿しており，週間約3万PV，月間約12万PVを超えるアクセスを獲得している。

【執筆書籍等】

（実務書）

『7つのステップでわかる 税効果会計実務完全ガイドブック』（税務経理協会）

『7つのステップでわかる 税効果会計実務入門』（税務経理協会）

『経理業務を標準化する　ワークシート活用ガイド』（中央経済社）

『公認会計士・税理士・米国公認会計士・米国税理士　資格取得・就職・転職・
開業ガイドブック』（税務経理協会）

（記事執筆）

・旬刊経理情報 2012 年 12 月 1 日号
　減損会計のワークシートの上手な作り方（中央経済社）

・旬刊経理情報 2013 年 2 月 20 日号
　税率差異ワークシートの上手な作り方（中央経済社）

・旬刊経理情報 2013 年 8 月 1 日号
　退職給付会計ワークシートの上手な作り方（中央経済社）

・旬刊経理情報 2013 年 11 月 10 日号
　非上場関係会社の株式・債権評価ワークシートの上手な作り方（中央経済社）

・旬刊経理情報 2014 年 1 月 10 日・20 日合併号
　「連結特有のポイントを押さえ誤りを防ぐ
　連結財務諸表仕訳と分析的手続ワークシートの上手な作り方」（中央経済社）

・旬刊経理情報 2014 年 5 月 10 日・20 日合併号 持分法会計仕訳と分析的手
　続のワークシートの上手な作り方（中央経済社）

（DVD，全て一般社団法人日本士業協会）

IFRS ってなーに／IFRS 講義 1 IFRS 入門編／IFRS 講義 2 日本電波工業決算
書を用いて日本基準と IFRS の差異の説明と分析／IFRS 講義 3 HOYA 編（レ
ジュメ e-Pub 対応 DVD6 巻）／IFRS 講義 4 DIVA 編／IFRS 講義 5 住友商
事編／IFRS 講義 6 日本板硝子編／平成 23 年税制改正と税効果会計等会計に
与える影響／相続税＆贈与税入門／相続税申告書作成入門／財産評価入門／取
引相場のない株式（出資）評価明細書作成入門／米国所得税入門／米国所得税
申告書作成入門／米国法人税入門／米国法人税申告書作成入門／所得税入門／
所得税申告書作成入門／法人税入門／法人税申告書作成入門／消費税入門／消
費税申告書作成入門／連結納税入門／連結納税税効果会計／企業再編会計／決
算書ってなーに／財務分析ってなーに／会計 6 の誤解を解く／"脳に注射！"

会計必須英単語 100（IFRS 対応）／本音で教える公認会計士のすべて（やりがい・仕事内容・適正・試験・年収・将来）／本音で教える USCPA（米国公認会計士）のすべて　試験・収入・やりがい・キャリアアップ／本音で教える米国税理士（EA）のすべて／自分を活かす　会計資格の選び方・取り方・生かし方／TPP で日本の会計業界はどうなるか ～会計資格の相互承認は可能か，米国公認会計士資格を取るべきか，語学の壁はあるか～／TPP 資格の相互承認 緊急座談会／3 大大手監査法人 決算書分析

【連絡先等】

公認会計士税理士ワシントン州米国公認会計士米国税理士　福留　聡　事務所
福留聡国際会計アドバイザリー株式会社

（電話番号）03-6380-4698，090-4894-1388

（メールアドレス）satoshifukudome.sf@gmail.com

（HP）http://cpasatoshifukudome.biz/

（アメブロ）http://ameblo.jp/satoshifukudome/

著者との契約により検印省略

| 平成28年12月1日　初　版　発　行 | ステップ式
7つのテーマがわかる
IFRS実務ガイドブック |

著　　者　　福　留　　　　聡

発　行　者　　大　坪　嘉　春

製　版　所　　美研プリンティング株式会社

印　刷　所　　税　経　印　刷　株　式　会　社

製　本　所　　牧　製　本　印　刷　株　式　会　社

発行所　東京都新宿区　　　　　　　株式　税 務 経 理 協 会
　　　　下落合2丁目5番13号　　　会社

郵便番号　161-0033　振替　00190-2-187408　電話　(03) 3953-3301 (編集部)
　　　　　　　　　　　FAX (03) 3565-3391　　　　　(03) 3953-3325 (営業部)
URL　http://www.zeikei.co.jp/
乱丁・落丁の場合はお取替えいたします。

Ⓒ　福留　聡　2016　　　　　　　　　　　　　　Printed in Japan

本書の無断複写は著作権法上での例外を除き禁じられています。複写される
場合は，そのつど事前に，㈳出版者著作権管理機構（電話03-3513-6969,
FAX03-3513-6979, e-mail：info@jcopy.or.jp）の許諾を得てください。

JCOPY ＜㈳出版者著作権管理機構 委託出版物＞

ISBN978－4－419－06411－2　C3034